Gabriele Haben &
Anette Harms Böttcher

In eigener Sache

Die Deutsche Bibliothek - CIP-Einheitsaufnahme
Haben, Gabriele: In eigener Sache : Selbstmanagement in Mobbingprozessen/ Gabriele Haben, Anette Harms-Böttcher. – 1. Aufl. - Berlin : Orlanda, 2002
ISBN 3-929823-91-8

1. Auflage 2002

Lektorat: Ekpenyong Ani
Umschlaggestaltung: Ulrike Wewerke, Berlin
Coverfotos: Julia Martineck
Herstellung & Satz: Anna Mandalka
Druck: Motiv Offset, Berlin – Istanbul

Gabriele Haben und
Anette Harms-Böttcher

In eigener Sache

Selbstmanagement in Mobbingprozessen

Orlanda

Danksagung

Wenn Hollywood-Stars einen Oscar erhalten, sagen sie Dank, sie danken ihren ProduzentInnen, den VerleiherInnen, natürlich den lieben KollegInnen und der Catering-Firma, sie danken ihren PartnerInnen und entschuldigen sich bei ihren Kindern für die wenige Zeit. Und last but not least danken sie ihren Eltern für das Glück, von ihnen geboren worden zu sein.

Wir sind weder Hollywood-Stars – obwohl wir durchaus schauspielerische Qualitäten haben, was uns auch die eine oder andere Seminarteilnehmerin bestätigen wird – noch haben wir je einen Oscar zu sehen bekommen; dennoch stellte sich auch uns nach Fertigstellung unseres Manuskripts die Frage: Wem danken wir denn nun? Wem (ver)danken wir etwas?

Da wir uns aber erklärtermaßen nicht mit dem Thema Schuld auseinandersetzen, sondern der Frage der Verantwortung nachgehen, möchten wir uns als Hauptverantwortliche zunächst gegenseitig Dank aussprechen.

Danken möchten wir außerdem Roswitha, Joachim und Karoline, die uns nach Kräften unterstützt und uns optimistisch haben bleiben lassen, Erstere durch Worte und Taten, Letztere durch ihre bloße Anwesenheit.

Unseren Interviewpartnerinnen danken wir für ihre Offenheit und ihre Bereitschaft, uns auch nach zum Teil lang zurückliegenden Beratungsprozessen noch zur Verfügung zu stehen.

Gabriele Haben und Anette Harms-Böttcher
Berlin, im Mai 2002

Inhalt

Einleitung

Seit vielen Jahren beraten wir Frauen in Konfliktsituationen am Arbeitsplatz und erfahren immer wieder, dass Frauen Antworten auf Mobbing haben. Das hatte uns zu unserem Buch *Das Hamsterrad – Mobbing: Frauen steigen aus* inspiriert. Nachdem es im Frühjahr 2000 erschienen war, erhielten wir zahlreiche Anrufe und Briefe von Leserinnen, die noch mehr darüber erfahren wollen, wie der Weg vom Festhalten zum Loslassen gelingen kann. Sie wünschten sich mehr von den »konstruktiven Gedanken«. Auf Lesereisen, bei Vorträgen und in Seminaren kamen wir in Kontakt mit Frauen, die uns erzählten, wie sie die Erfahrung »Mobbing« sinnvoll für sich genutzt haben, so dass ihnen der Ausstieg aus dem Hamsterrad gelungen ist.

Dabei gehen Frauen unterschiedliche Wege. Da ist die Frau, die ihre ganze Energie in die Frage steckt: »Wie halte ich es hier nur aus?«, während die andere ihre Kräfte mobilisiert, mit Vorgesetzten und Betriebsrat kooperiert und damit der drohenden Isolation am Arbeitsplatz entgegenwirkt. Die Nächste wiederum nutzt die Krise für einen Neuanfang, sei es, dass sie den Arbeitsplatz wechselt oder gar in einen neuen Beruf einsteigt.

In *In eigener Sache* beschreiben wir diese Wege und gehen der Frage nach, was genau Frauen veranlasst, etwas anderes zu wagen, sich bewusst auf Veränderungen einzulassen. Wie verläuft dieser Prozess, und welche Ressourcen mobilisieren die Frauen dabei? Dazu haben wir Frauen gefragt, was genau sie dazu bewogen hat, ihre Krise zu überwinden (und loszulassen), was genau sie motiviert hat, diesen und keinen anderen Weg zu gehen und welche Einstellungen und Glaubenssätze sie dabei unterstützt haben.

Aus einer Unzahl von Verhaltensmöglichkeiten haben wir vier »Typen« herauskristallisiert, an denen exemplarisch bestimmte »Muster«-Verläufe verdeutlicht werden, die sich an einem mehr oder weniger vorläufigen Endergebnis orientieren. Dabei geht es uns nicht darum, Menschen in Schubladen zu packen oder zu bewerten. Und schon gar nicht bedeutet es, dass eine bestimmte Art zu denken, zwangsläufig eine bestimmte Art zu handeln nach sich zieht, was dann unweigerlich in ein bestimmtes Ergebnis mündet. Bestimmte Einstellungen haben zwar bestimmte Zielsetzungen zur Folge und befördern ein bestimmtes Verhalten, aber das heißt nicht, dass eine Bettina Bleibtreu nie Neuland entdecken oder eine Frau Wende sich nie trennen wird. Es gibt immer eine unendliche Vielfalt an Kombinationsmöglichkeiten, in denen wir denken, fühlen und handeln, und jede von uns wird sich bei den vier »Typen« meist nicht nur in einem wiederfinden, sondern auch etwas von den anderen bei sich entdecken. Das möchten wir in diesem Buch auch durch Schilderungen von Frauen illustrieren, die wir in einem Extrakapitel nach den jeweiligen Typendarstellungen zu Wort kommen lassen.

Jede von uns reagiert in der ihr eigenen spezifischen Art und Weise auf Krisen, jede verändert sich individuell und im Rahmen ihrer Möglichkeiten. Dieser Rahmen jedoch ist erweiterbar. Deswegen macht es Sinn, mehr über handlungsleitende Faktoren in Krisensituationen zu wissen. Uns liegt also weniger daran, Frauen einem wie auch immer gearteten (Krisen-)Typus zuzuordnen, als vielmehr, das Augenmerk auf die Faktoren zu lenken, die unserer Meinung nach das Verhalten in Krisensituationen beeinflussen: die Faktoren »Wahrnehmung«, »Überzeugungen«, »Konfliktverhalten« und »Ziele«. Auch hier möchten wir deutlich machen, dass es natürlich nicht nur *eine* Wahrnehmung, *eine* Einstellung, *ein* Ziel gibt. Wenn wir also beispielsweise in einem Fall die handlungsleitende Überzeugung »Ich muss andere immer zufrieden stellen« herausarbeiten, so dient das der Anschauung – die Vielzahl der Möglichkeiten ist immer auch mitgedacht. Manche Frau mag das verkürzt finden, und für manche Leserin wirkt es vielleicht sogar provokativ. Beides ist beabsichtigt.

Wir wollen unsere Leserinnen anregen, sich mit diesen vier Faktoren auseinander zu setzen, sie zu hinterfragen, sie (neu) zu sortieren und in der persönlichen Auseinandersetzung vielleicht zu anderen Gedanken zu kommen. Wir wollen die Leserin ermutigen, eingefahrene Denkmuster infrage zu stellen und altbekannte Wege (betonierte Gedankenautobahnen) zu verlassen und Pfade in neues unbekanntes Terrain zu wagen.

KAPITEL 1

Aus der Krise zu neuen Zielen

WAS IST EIGENTLICH EINE KRISE?

Das Wort kommt aus dem Griechischen (krisis) und bedeutet »Entscheidung«. In den meisten Nachschlagewerken wird Krise außerdem übersetzt mit »Wendepunkt« und »Höhepunkt«.

Setzen wir diese drei Worte in Bezug zueinander, so könnte man sagen: Angekommen am Höhepunkt oder Wendepunkt, kommt es zu einer Entscheidung, aufgrund derer wir eine Weile »verschnaufen«, um über kurz oder lang einem weiteren Höhepunkt bzw. Wendepunkt zuzustreben, an dem eine weitere Entscheidung fällig ist, und so weiter, und so weiter.

Leben ist also eine ständige Abfolge von Episoden, bestehend aus Wendepunkten und Entscheidungen. Krise gehört zum Leben. Wir aber tun so, als ob das Leben *zwischen* den Wendepunkten das Erstrebenswerte ist, und Krisen am besten zu vermeiden seien, denn: »Was kommt danach?« Wir richten also unser Augenmerk auf die Zeit zwischen den Krisen und setzen viel ein, um diese Zeit möglichst lang andauern zu lassen. Allein durch die Dauer dieser Zeit erwerben wir Sicherheit, glauben, uns auf sicherem Terrain zu bewegen. Die Qualität des Erlebens dieser »Zwischenzeit« verliert mit zunehmender Länge an Bedeutung, wir können uns an eine langjährige bereichernde Beziehung genauso »gewöhnen« wie an eine belastende Arbeitsplatzsituation. Im letzteren Fall »gewöhnen« wir uns so sehr an das Belastende, finden uns damit ab, dass wir sogar unsere innere Stimme ignorieren, die da sagt: »Unternimm etwas!«

»(...) das ist ja ganz oft der Fall, das Nicht-Ernst-Nehmen und es noch irgendwie zuzudeckeln, sich selber etwas vormachen. (...) Dieses Verhaftetsein in der Krise hat ein starkes Motiv, weil es einfach einen starken Gewinn bedeutet, oder umge-

kehrt, weil es einen nicht zu ertragenden Verlust bedeuten würde, diese Strategie zu verlassen.« *

Wir investieren viel Energie, um einem sich abzeichnenden Wendepunkt auszuweichen. Festhalten statt loslassen? Warum ignorieren wir häufig sich anbahnende Krisen? Warum denken wir so häufig, ein »Wendepunkt« bedeute eine Wende zum Schlechteren?

»Krise« ist vom Wort her etwas Neutrales. Es bleibt uns überlassen, was wir aus Krisen machen, und wenn sie unvermeidbar sind, uns auf den Umgang mit ihnen einzurichten. Es geht also um sinnvolles Festhalten und rechtzeitiges Loslassen und vor allen Dingen darum, das eine vom anderen zu unterscheiden.

Was passiert in einer Krise?

Krisen können uns den Boden unter den Füßen entziehen, sie lösen Angst aus. Warum ist das so, wenn doch die Krise keinerlei Aussage über die Zukunft beinhaltet? Genau deswegen, denn Krisen sind Wendepunkte mit ungewissem Ausgang. Diese Ungewissheit erzeugt Angst. Die Angst, die sich auf die gegenwärtige Situation bezieht, wird in der Phantasie auch auf die Zukunft übertragen und kann zu Panik führen.

In der Krise ist nichts mehr so, wie es war. Krise bedeutet dann Verlust von Gewohntem, Verlust von Sicherheit. Krisen können dadurch unser Selbstwertgefühl und unsere Identität bedrohen. Für viele Menschen ist der Beruf die wichtigste Quelle für ihr Selbstwertgefühl, er bildet die Grundlage ihrer Identität. Das Bedürfnis, wichtig und nützlich zu sein, die eigenen Fähigkeiten unter Beweis zu stellen, einer Gruppe anzugehören und dort Anerkennung zu finden, haben wir alle. Stillen wir unser Bedürfnis nach Anerkennung ausschließlich durch Arbeit, be-

---

* Alle Gesprächsauszüge in diesem Kapitel sind einem Interview mit Rosmarie Priet, Diplom-Psychologin, Beraterin und Koordinatorin der Opferberatungsstellen im Land Brandenburg, entnommen.

steht die Gefahr, dass der gesamte Selbstwert und die Identität von dort gespeist werden. Identität und Arbeit sind dann untrennbar miteinander verknüpft. Wir *sind* sozusagen die Arbeit und befinden uns (meist unbewusst) in einer Abhängigkeit.

Wenn es nun zu einer krisenhaften Zuspitzung im Berufsleben kommt, beispielsweise zu einer Mobbingsituation, wird die dort erworbene Identität nachhaltig erschüttert und bedroht. Je höher der Grad der Erschütterung, desto mehr konzentrieren wir uns auf den Ist-Zustand und halten an ihm fest. Dadurch steigern wir die Angst und errichten eine immer größere Barrikade, die die Sicht auf positive Zukunftsvisionen versperrt.

Festhalten als Überlebensstrategie? Was macht das Loslassen von Situationen, die als bedrohlich erlebt werden, so schwer? Warum lassen wir nicht mit Begeisterung los, um uns von der Bedrohung zu befreien? Weil die Gegenwart, so bedrohlich und angstauslösend sie auch sein mag, uns bekannt und in gewisser Weise berechenbar ist. Sie ist nach wie vor Bestandteil unserer Identität, sie ist da. Die Zukunft kann noch nicht Bestandteil unserer Identität sein, weil sie schließlich noch nicht da ist, sie ist ungewiss.

> *»(...) andererseits habe ich dann doch Respekt vor den Strategien dieser Personen, die festhalten, weil ich denke, das sind ja auch Ressourcen, das sind ja auch Strategien, die das Überleben sichern, und da steckt Sinn und Funktion darin, und es ist das, was gerade gebraucht wird.«*

Mit dem Höhepunkt einer Krise geht eine Zeit der Orientierungslosigkeit einher. Wenn die Zukunft noch keine Konturen hat, wir uns in einer Art Niemandsland bewegen, wissen, dass etwas zu Ende geht, aber noch keinen Schimmer haben, wie es weitergehen kann, sind wir versucht, diese Zeit so kurz wie möglich zu halten, sie möglichst schnell zu überwinden. Doch sie ist enorm wichtig, sie schafft den so wichtigen Abstand zwischen zwei Lebensabschnitten.

Wir können den vergangenen Krisenabschnitt ausleuchten und durch Selbstreflexion mehr über uns erfahren. Wie geht das? Beispielsweise, indem wir das Geschehene erzählen, es in Worte fassen. Wenn wir das tun, treten wir aus dem passiven Erleben heraus, nehmen eine aktive Haltung ein, wir werden zu Handelnden. Wenn wir in der Gegenwart von der Vergangenheit erzählen, bekommt die Situation außer dem bisherigen krassen Schwarz-Weiß-Bild immer mehr Schattierungen, wir stellen andere, bis dahin noch nicht gesehene Zusammenhänge her und bewerten neu, es stellen sich andere Gefühle ein, und wir gewinnen dem vergangenen Geschehen immer mehr neue Aspekte ab – einen ähnlichen Effekt haben übrigens auch tagebuchähnliche Aufzeichnungen.

Irgendwann kommt es dann dazu, dass wir wissen, was wichtig wäre, in die Zukunft hineingetragen zu werden. Wir können, bevor wir das nächste Kapitel aufschlagen, überdenken: Wie soll es weitergehen? Neuanfang, Neubeginn sind nie so neu, wie wir hoffen oder fürchten. Wir nehmen uns und unsere gewachsene Identität immer mit in die neue Lebensphase. Neubeginn heißt, die alte Identität mit der neuen zu verschmelzen und frühere Erfahrungen so zu integrieren, dass sie ein Gewinn sind.

> *»Ein Ziel ist es, wieder das Niveau vor dem Kriseneintritt zu erreichen. Natürlich ist es nicht genau das gleiche Niveau, das ist klar, denn es geht ja ebenso um die Integration der Erfahrungen, die mit der Krise einhergehen; insofern ist auch immer eine Veränderung inbegriffen.«*

Eine Meisterin von Krisen zeichnet sich nicht durch hartnäckiges Festhalten oder abruptes Loslassen aus, sondern durch das Finden des rechten Maßes von beidem zur rechten Zeit, einem Loshalten im Festlassen gewissermaßen.

Lösungsaspekte

»Lösung« heißt nicht, von einem Tag auf den anderen einen fix und fertigen Ersatz für eine unhaltbare Situation zu haben. »Lösung« beschreibt vielmehr auch den Abnabelungsprozess von ebendieser Situation. Mit anderen Worten: Lösung braucht *Zeit*. Es ist wichtig, den *Emotionen* Zeit zu geben, den aggressiven, traurigen, verzweifelten und auch den selbstmitleidigen. Statt diesen Gefühlen Zeit und Raum zu geben, verdrängen und übertünchen wir sie, wollen sie so schnell wie möglich in den Griff bekommen, weil wir glauben »für so was« keine Zeit zu haben. Wir investieren stattdessen Zeit in die Suche nach *dem* genialen Einfall, nach dessen Umsetzung alles wie früher sein soll, nur noch besser. Emotionen werden als hinderliche Störfaktoren auf der Suche nach einer Lösung betrachtet. Nach landläufiger Meinung stehen Gefühle einer vernünftigen Lösung im Wege. Diese Auffassung ist falsch. Emotionen sind keine lästige Begleiterscheinung, sondern liefern uns wertvolle Informationen. Wer seine Gefühle deutlich erkennen und verarbeiten kann, wer sie angemessen ausdrückt und schließlich zu regulieren lernt, profitiert von ihrer Weisheit. Emotionale Kompetenz beginnt mit Achtsamkeit: Was genau geht in mir vor? Was fühle ich überhaupt? Viele weichen der Aufgabe aus, das eigene Gefühlschaos zu sortieren, sie stürzen sich zu schnell in Aktionismus oder verharren in einer Art Selbstlähmung.

Wenn wir von Lösungen sprechen, ist ein weiteres wichtiges Stichwort *Verantwortung*. Krisen gehen oft mit Schuldgefühlen und Selbstanklagen einher. »Hätte ich doch nur ...«, »Wäre ich doch damals ...« sind beliebte Sätze, die aber zu nichts führen, weil es Ihnen damit noch schlechter geht. Außerdem haben gerade bei Mobbingkrisen andere erstaunlich viel Zeit dazu aufgewendet, Sie glauben zu machen, an *allem* schuld zu sein. Wollen Sie nun denen glauben, von denen Sie sowieso nichts (mehr) halten? Oder wollen Sie doch lieber wieder auf sich selbst hören? Wenn man erst einmal glaubt, alles Unglück habe man nur sich selbst zu verdanken, kann man auch nicht mehr an die eigene Fähigkeit glauben, Krisen zu meistern.

»Wenn ich erlebe, dass Menschen aus der Krise wieder herausfinden, dann aufgrund einer Zuspitzung, aufgrund eines enormen Drucks. (...) Es geht darum, dass wieder Sätze gesagt werden wie: ›Ich hab' mein Leben im Griff, ich kann es beeinflussen, ich bin verantwortlich.‹«

Es gilt, sich auch einmal die externen Faktoren anzuschauen und die Verantwortung wieder auf alle beteiligten Schultern zu verteilen, um dann mit dem, was man an Eigenverantwortung erkennt, verantwortlich umzugehen. Also raus aus der Opferrolle – wir haben immer den vielbeschworenen eigenen Anteil an einem Szenario, aber wie das Wort schon sagt, eben *nur einen Teil*, und für genau diesen Teil, aber auch nur für diesen, die Verantwortung.

Eine »gute« Lösung ist immer *individuell.* Sie ist genauso gut, wie die Krisenbetroffene sie empfindet. Das kann für die eine das Festhalten an dem Arbeitsplatz sein, verbunden mit dem Loslassen von bestimmten Ansprüchen, für die andere das Loslassen des Arbeitsplatzes, aber das Festhalten an ihren Ansprüchen. Beides ist eine »gute« Lösung, wenn sie von der betreffenden Person, und nur von ihr, als »gut« empfunden wird. Die Frage, die sich in einer Krise stellt, lautet also nicht: »Wie löst *man* das?«, sondern: »Wie löse *ich* das?«.

»Als man Ch'hâ fragte: ›Wo ist dein Ohr?‹, da griff er mit seiner rechten Hand über seinen Kopf, berührte sein linkes Ohr und sagte: ›Es ist hier.‹ – ›Aber warum nimmst du deinen rechten Arm?‹, fragte man ihn. ›Warum nimmst du nicht deine linke Hand, die sich doch auf derselben Seite befindet wie dein linkes Ohr?‹ – ›Wenn ich es machte wie alle anderen‹, antwortete Ch'hâ, ›dann wäre ich nicht mehr Ch'hâ.‹«[1]

Im folgenden Kapitel nehmen wir vier Aspekte, die wichtig sind, um zu gelingenden Lösungen zu gelangen, genauer unter die Lupe: die Faktoren *Überzeugung, Wahrnehmung, Konfliktverhalten, Ziele.*

KAPITEL 2
Lösungsfaktoren

Überzeugungen

> »Ein Psychiater behandelte einen Mann, der glaubte, er sei eine Leiche. Trotz aller logischer Argumente des Psychiaters hielt der Mann an seinem Glauben fest. Dem Blitz einer plötzlichen Eingebung folgend, fragte der Psychiater den Mann: ›Können Leichen bluten?‹ Der Mann antwortete: ›Das ist doch lächerlich! Natürlich können Leichen nicht bluten.‹ Nachdem er um Erlaubnis gefragt hatte, ritzte der Psychiater dem Mann in seinen Finger und drückte einen Tropfen Blut heraus. Der Mann schaute äußerst verwundert auf seinen blutenden Finger und rief: ›Verdammt noch mal, Leichen bluten doch!‹«[2]
>
> (Abraham Maslow)

Was sagt uns diese Geschichte? Die Überzeugung des Mannes, er sei eine Leiche, ist so manifest, dass selbst sein Wissen, dass Leichen nicht bluten können, ihn nicht von seiner Überzeugung abzubringen vermag.

Unsere Überzeugungen – wir können sie auch als Glaubenssätze bezeichnen – sind die verschiedensten Leitideen, die wir für wahr halten und als Grundlage für unser Verhalten benutzen. Einige Glaubenssätze teilen wir mit anderen Menschen, wir müssen uns beispielsweise nicht immer wieder neu bestätigen, dass Feuer brennt oder Wasser nass ist. Aber nicht alle Erfahrungen sind so universell wie die Naturgesetze. Überzeugungen haben unterschiedlichste Quellen, unter anderem speisen sie sich aus bereits gemachten Erfahrungen, aus Vergangenheitstraumata und aus unserer Erziehung. Wir kommen nicht darum herum, Überzeugungen zu entwickeln. Viele helfen dabei, im Leben zurechtzukommen und es zu genießen, manche können uns aber auch behindern. Es gibt also weder gute noch schlechte Überzeugungen; es gibt Überzeugungen, die jeweils *in Bezug* zu einem gegebenen Kontext für uns hilfreich sind oder uns einengen.

Überzeugungen sind Glaubenssätze und haben mit Glauben zu tun. Wir verwenden das Wort »glauben« auf unterschiedliche Art:

- glauben im Sinne von *Vertrauen haben*: Ich glaube an einen Menschen.
- glauben im Sinne von *für gewiss halten*: Ich glaube, dass es ein Leben nach dem Tod gibt.
- glauben im Sinne von *vermuten*: Ich glaube, es wird regnen.

Unsere Überzeugungen können sich beziehen auf:

- die Wahrnehmung unserer Mitmenschen: BeamtInnen sind faul. Papa hat immer Recht.
- uns selbst: Ich werde nie allein klarkommen. – Irgendwie schaffe ich es immer.
- die Beurteilung von Situationen oder des Lebens ganz allgemein: Das Leben ist hart, aber ungerecht. Das Leben bringt mir immer wieder wunderbare Erfahrungen.
- das, was frau tun oder lassen soll: frau soll anderen Leuten nicht auf die Nerven gehen. Frau muss anderen entgegenkommen.

Haben wir aus diesen Hintergründen heraus einschränkende Überzeugungen entwickelt (»Ich bin wieder mal ein Opfer der Umstände«), blockieren wir uns möglicherweise in Krisensituationen. Wir machen gar nicht den Versuch, die Situation auf eine andere Art und Weise zu betrachten. Offene, und damit veränderbare Überzeugungen (»Ich hinterfrage die Umstände«) mobilisieren dagegen unsere Fähigkeiten. Es gibt ein Sprichwort, das besagt: »Ob du glaubst, dass du etwas tun kannst, oder ob du das nicht glaubst ... *du hast immer Recht.*«

Übung: Meine Überzeugungen: Reflexionsschritte

Überzeugung	Art der Überzeugung Vtr = i.S.v. Vertrauen G = i.S.v. für gewiss halten V = i.S.v. vermuten	Welche Quelle? LE = Lebenserfahrung FV = familiär verankert KB = kulturell bedingt	Das bedeutet konkret in meiner Arbeit/meinem Leben:

Aus der Wahrnehmung heraus entwickeln wir unsere Überzeugungen, die wir bezüglich Konflikten und Zielen haben. Wir können uns Wahrnehmung als zentralen Punkt vorstellen, der umkreist wird von den Polen Überzeugung, Zielen und Konfliktverhalten. Jeder dieser Pole steht mit dem jeweils anderen in einer Wechselbeziehung.

Aus der Wahrnehmung heraus entwickeln sich auch unsere Ziele, denn wir können nur das anstreben, was uns unsere Wahrnehmung zugänglich macht und unsere Überzeugung uns »erlaubt«. Wenn wir etwas erreichen wollen, gehen wir bestimmte Wege, wir verhalten uns so, wie wir meinen, am besten dorthin kommen zu können. Stellt sich diesem Ziel ein Konflikt in den Weg, versuchen wir manchmal, ihn zu ignorieren, wir »meiden« ihn, doch dummerweise stellt er sich nun um so störrischer in den Weg. Manchmal »tragen wir ihn aus«, in dem Wissen, dass er bereinigt werden muss, damit wir weiter auf unserem Weg gehen können. Wir legen dazu ein ganz bestimmtes Konfliktverhalten an den Tag und richten es nicht immer danach aus, ob es erfolgversprechend ist. Unsere Überzeugung weist uns den Weg zu den Zielen und schränkt unsere Wahrnehmung umso mehr ein, je auswegloser unsere Versuche werden.

Demnach nehmen unsere Überzeugungen Einfluss darauf, ob (und wie) wir unsere Ziele erreichen, wie wir mit Konflikten umgehen, aber auch, welche Wahrnehmung wir in Bezug auf unsere Ziele und Konflikte überhaupt haben (können). Eine bestimmte Überzeugung lässt uns bestimmte Dinge wahrnehmen und andere, die nicht ins Konzept passen, werden ignoriert. Und indem wir nur bestimmte Dinge wahrnehmen, wird unsere Überzeugung immer wieder bestätigt.

Stutzig werden wir dann, wenn wir trotz aller Anstrengungen unsere Ziele nicht erreichen. Wenn wir uns in einer Situation befinden, die aussichtslos erscheint, und wir die Erfahrung machen, mit unseren herkömmlichen Mitteln, mit unserer Einstellung zum Geschehen in immer wieder der gleichen Sackgasse zu landen, kann es sinnvoll sein, unsere Überzeugungen, unsere Wahrnehmung, unser Verhalten und eventuell sogar unsere Ziele einer Prüfung zu unterziehen.

Es ist, als ob wir mit dem Kopf gegen eine Wand rennen. Wir sehen die Wand, haben eine Vorstellung davon, wie es hinter dieser Wand aussehen könnte, ignorieren ihr stabiles Aussehen, und trotzdem weichen wir nicht zurück und versuchen immer wieder, die Wand zu durchdringen: Unser Wunsch kollidiert mit der unnachgiebigen Realität. Enttäuschung ist die Folge. Wie viel Enttäuschung sind wir nun bereit hinzunehmen?

Haben wir uns eine besonders schlimme Beule geholt, nehmen wir zwar zunächst Abstand, holen uns Zuspruch von Menschen, die mit uns der Meinung sind, das müsste doch zu schaffen sein, pflegen unsere Wunden, holen tief Luft, nehmen diesmal einen größeren Anlauf, und doch, an der Wand blättert noch nicht einmal ein bisschen Putz ab. Wie kann das sein?

Erst, wenn uns die Kraft fehlt und wir davon ausgehen, dass wir einen weiteren Versuch nicht durchstehen können, halten wir inne und überdenken die Konsequenzen unseres Tuns. Uns geht sozusagen die Puste aus. Jetzt fangen wir an, unsere Einstellung zum Geschehen, unsere Überzeugungen zu hinterfragen, und erkennen zwei Möglichkeiten. Entweder, wir suchen uns ein anderes Ziel als ausgerechnet diesen Raum hinter dieser Wand, oder wir überprüfen die Methode, mit der wir bisher versucht haben, die Wand zu überwinden. Wir fragen also nun: Was ist an dem Raum hinter der Wand so erstrebenswert, dass wir Verletzung auf uns nehmen, um hineinzugelangen? Oder wir überlegen, ob es vielleicht mit anderen Methoden gelingen könnte. In Krisensituationen fangen wir also an, unsere Ziele und Methoden, unser Konfliktverhalten zu hinterfragen.

Um das tun zu können, brauchen wir Abstand, eine mentale Ruhepause. Einige erkennen schon im Vorfeld ihrer Planung, dass das bisher angewandte Verhalten nicht angemessen ist, manchen reicht dazu eine kleine Beule, andere wiederum halten erst inne, wenn die erlittenen Blessuren ihnen keine andere Wahl mehr lassen. Letztere erleben die dann erzwungene Ruhepause im Kampf mit der Wand als Niederlage, ziehen sich zurück, fühlen sich unfähig, versuchen sich damit abzufinden, dass ihre Methoden untauglich sind, dass das Ziel für andere mit den besseren Methoden erreichbar ist, für sie aber nicht. Leichen bluten eben doch?

Was kann in dieser Ruhepause, ob nun geplant oder unfreiwillig, passieren? Wir beginnen, nach einem Ausweg zu suchen.

Möglicherweise, und sei es, weil es einfach zu blöd ist, immer nur auf diesen einen Punkt an der Wand zu starren, oder, weil wir es nicht länger ertragen können, uns so ausschließlich mit unserer vermeintlichen Niederlage zu befassen, fangen wir an, uns mit anderen Dingen zu beschäftigen. Dingen, die in Vergessenheit geraten waren, weil wir ausschließlich damit befasst waren, der Wand auf eine ganz bestimmte Art und Weise zu Leibe zu rücken. Die Folgen:

1. Unsere Sicht auf das Geschehen erweitert sich;
2. Aus dieser erweiterten Wahrnehmung heraus können wir andere Entscheidungen treffen.

Wir nehmen wieder wahr, was wir vorher übersehen hatten, nicht (mehr) sehen konnten.

Erschöpft lehnen wir uns zurück und sehen eine kleine Tür, etwa fünf Meter von der Stelle entfernt, gegen die wir angerannt waren. Misstrauisch nähern wir uns, wahrscheinlich ist sie abgeschlossen und zudem noch aus Stahl. Aber vielleicht auch nicht? Selbst wenn sie abgeschlossen ist, gibt es vielleicht einen Schlüssel? Es könnte sich lohnen, an dieser Stelle neue Versuche zu wagen. Zunächst einmal gehen wir zum Ausgangspunkt zurück und schauen, ob es noch andere Möglichkeiten gibt, hinter die Wand zu gelangen. Der Blick wandert hoch, und wir entdecken doch tatsächlich, dass die Wand in etwa drei Meter Höhe aufhört. Wir könnten uns also auch nach einer Leiter umschauen, mithilfe derer die Wand zu überwinden wäre.

Warum können wir »plötzlich« Möglichkeiten sehen, die uns vorher verborgen waren? Die Überzeugung »Es gibt nur diesen Weg« hat sich verändert. Wir können Dinge wahrnehmen, die wir im Eifer des Gefechts völlig außer Acht gelassen haben. Erst mit dem mehr oder weniger erzwungenen Innehalten haben wir uns die Chance gegeben, den Mut gefunden, unsere Einstellung zu Ziel und Konfliktverhalten zu überprüfen. Und in dieser »Denkpause« wurden wir wieder offen für die Wahrnehmung von Alternativen, um daraus eine Überzeugung zu entwickeln, die die Überwindung der Wand ermöglicht.

»›Das kann ich nicht glauben!‹, sagte Alice.
›Nein?‹, sagte die Königin mitleidig. ›Versuch es noch einmal: tief Luft holen, Augen zu ...‹
Alice lachte. ›Ich brauche es gar nicht zu versuchen‹, sagte sie. ›Etwas Unmögliches kann man nicht glauben.‹
›Du wirst eben darin noch nicht die rechte Übung haben‹, sagte die Königin. ›In deinem Alter habe ich täglich eine halbe Stunde darauf verwendet. Zuzeiten habe ich vor dem Frühstück bis zu sechs unmögliche Dinge geglaubt.‹«[3]

(Lewis Carroll)

Wahrnehmung

»Alles, was uns umgibt, ist so vielseitig, so unergründlich, dass es uns niemals gelingen wird, alles zu erfassen und bis in alle Einzelheiten wahrzunehmen. Deshalb entscheiden wir dauernd, ob bewusst oder unbewusst, was wir wahrnehmen und was wir übersehen.«[4]

(Carlos Castañeda)

Der Begriff »Wahrnehmung« enthält das Wort »wahr«. Oft glauben wir, dass das, was wir wahrnehmen, wahr und demnach »richtig« sei. Stellen Sie sich vor, einige Freundinnen verbringen einen Tag an der See. Nach einer zweistündigen Strandwanderung kehren sie in ein Gasthaus ein. Bei einer Tasse Tee lassen sie die vergangenen Stunden Revue passieren. Heide schwärmt von dem satten, von den Schafen kurz gehaltenen Rasen im Deichvorland, auf dem sich sicherlich wunderbar Golf spielen ließe. Gabi, die schon mit Urlaubsplänen beschäftigt ist, hat mehr oder weniger die ganze Zeit die Fähre von Cuxhaven nach Harwich beobachtet, bis sie sie aus den Augen verlor. »Was Ihr so alles seht! Habt Ihr überhaupt mitbekommen, wie wundervoll würzig die Luft riecht?«, fragt Marlene. »Würzig findest du das? Ich finde, hier stinkt's ziemlich nach Fisch!«, meint Christa. Für sie war das Schönste an diesem Spaziergang, im warmen Sand nach Muscheln zu suchen. »Wo hast du die denn alle gefunden?« – »Ja, wenn ich immer nur nach imaginären Golfplätzen oder Schiffen Ausschau hielte ...«

An diesem Beispiel wird deutlich, dass jede der Freundinnen ihre Wahrnehmung in eine bestimmte Richtung lenkt. Die Frauen konzentrieren ihre Wahrnehmung auf das für sie jeweils Wesentliche, gleichzeitig entgehen ihnen andere mögliche Eindrücke. Im Laufe unseres Lebens gewöhnen wir uns daran, vieles von unserer Wahrnehmung abhängig zu machen und neigen dazu, unsere Sichtweise für die einzig mögliche, und damit auch einzig wahre, und sowieso für die einzig richtige zu halten.

Wahrnehmen an sich ist zunächst ein neutraler, wertungsfreier, aber höchst komplexer Vorgang. Über unsere Sinnesorgane nehmen wir Reize auf, die an unser Gehirn weitergeleitet werden. Dort werden sie sortiert, zugeordnet und mit bereits vorhandenem Wissen abgeglichen. Es findet eine Reizauswahl statt. So schützen wir uns davor, durch die Flut von größtenteils unnützen, belanglosen Reizen und Informationen überwältigt und verwirrt zu werden. Und das ist auch gut so. Das Risiko besteht allerdings darin, Situationen nicht mehr umfassend sehen zu können. Was wir für *die* Wahrnehmung halten, ist letztendlich *unsere* – sehr subjektive, Wahrnehmung. Sie ist zu achtzig Prozent das Produkt unserer spezifischen Verarbeitung und beruht nur noch zu zwanzig Prozent auf den ursprünglich erhaltenen Reizen und Informationen.

Warum unterscheidet sich unsere Wahrnehmung auch dann von der Wahrnehmung anderer, wenn unsere Aufmerksamkeit sich mit denselben Dingen beschäftigt? Im Laufe unseres Lebens machen wir Erfahrungen, die sich zu bestimmten Einschätzungen verdichten. Diese Einschätzungen werden zu Überzeugungen, die sich verfestigen, und je stärker sie sich verfestigen, desto mehr filtern wir die Informationen heraus, die uns an unseren Urteilen zweifeln lassen könnten – weil nicht sein kann, was nicht sein darf.

Nehmen Sie an, Rosemarie und ihre Freundin besuchen eine andere Freundin auf dem Land, die sich gerade einen Schäferhund zugelegt hat. Beim Gang durch den Garten springt der plötzlich um die Ecke und kommt schwanzwedelnd auf Rosemarie und ihre Begleiterin zu. Bei Rosemarie schrillen sofort sämtliche Alarmglocken. Stocksteif bleibt sie stehen, wohingegen ihre Freundin Entzückensrufe ausstößt und anfängt, mit dem Hund herumzutollen. Wie kommt es zu solch unterschiedlichen Reaktionen? Blitzschnell, und ohne dass sie es bewusst steuert, trifft die Wahrnehmung »Hund« bei Rosemarie auf die bei anderer Gelegenheit gemachte Erfahrung »Hund = beißen = Gefahr«. Sie verknüpft also ihre Wahrnehmung »Hund« mit einer für sie emotional bedeutsamen Erfahrung, nämlich mit »Angst«. Ihre Begleiterin hat andere Erfahrungen mit Hunden, vielleicht »Hund = spielen = Freund«. Beide Besucherinnen hatten zwar die gleiche Ausgangssituation im Garten der Freundin (Wahrnehmung »Hund«), aber beide nehmen die Situation so wahr, wie sie sie immer wahrgenommen haben. Sie verknüpfen ihre Wahrnehmung mit guten bzw. schlechten Erfahrungen und reagieren entsprechend. Sie sorgen also dafür, dass die Wahrnehmung zu ihren jeweiligen »Hundeweltbildern« passt.

Was hat Wahrnehmung mit Veränderung zu tun? Unsere Vorstellungen, die wir von der Welt haben, bestimmen unser Handeln. Mit unserem Handeln wiederum bestätigen wir unsere Vorstellungen. Indem wir unsere Wahrnehmung durch die immer wieder gleichen Filter passieren lassen, machen wir uns unempfindlich und möglicherweise sogar immun gegenüber Veränderungen. Wir sehen, was wir sehen wollen und hören, was wir hören wollen. So hindern wir uns daran, Dinge neu zu sehen oder zu hören, neu in dem Sinne, dass unsere Wahrnehmung der Dinge von dem bisher Wahrgenommenen abweichen und zu anderen Erfahrungen führen würde. Dadurch vermeiden wir auch, dass wir mit unseren Überzeugungen konfrontiert werden. Werden wir nicht mit unseren Überzeugungen konfrontiert, brauchen wir uns auch nicht zu ändern. Jede Veränderung würde eine Neubewertung bzw. Neukonstruktion von Überzeugungen nach sich ziehen. Da unsere Überzeugungen wiederum unsere Wahrnehmung beeinflussen, ist es hilfreich, sich dieses Vorganges bewusst zu werden. Wenn wir Veränderung anstreben, macht es Sinn, unsere Wahrnehmungsfähigkeit zu erweitern. Erweitern wir unsere Wahrnehmung, können wir Situationen flexibler interpretieren, zu veränderten Überzeugungen gelangen, unsere Konfliktfähigkeit erhöhen und unsere Ziele freier wählen.

> »Die besten Entdeckungsreisen macht man nicht in fremden Ländern, sondern indem man die Welt mit neuen Augen betrachtet.«
>
> (Marcel Proust)

Konfliktverhalten

Wir haben alle unsere Erfahrung mit Konflikten, aber nicht allzu viele sind begeistert, wenn sie sich vor der Aufgabe sehen, Konflikte anzugehen. Konflikt ist ein Wort, das meist zwiespältige Reaktionen hervorruft. Und genau das bedeutet es auch: Zwiespalt.

Wir unterscheiden zwei Formen von Konflikten: innere oder auch seelische Konflikte und zwischenmenschliche, bzw. soziale Konflikte. Bei inneren Konflikten wirken Kräfte in uns, die in zwei verschiedene Richtungen streben. Dazu ein Beispiel:

Sabine bemerkt Freitag zur Feierabendzeit ihren kratzigen Hals und legt sich frühzeitig zu Bett. Am Samstagabend hat sie Fieber, die Nase läuft, die Bronchien rasseln, und sie fängt an, sich Gedanken zu machen, ob sie am Montag morgen wohl zur Arbeit gehen kann. Einerseits müsste sie ihre Ärztin aufsuchen, sich aus dem Verkehr ziehen lassen, andererseits wartet ein Stapel von Akten auf ihrem Schreibtisch, um den sich dann die Kollegin kümmern müsste. Sie weiß nicht, was sie tun soll, schwankt zwischen der Sorge um sich und ihre Gesundheit und der Sorge um die Konsequenzen, die ein Wegbleiben nach sich ziehen würde.

Letztendlich führt ihr innerer Konflikt sie zu der Entscheidung, zur Arbeit zu gehen. Ein bisschen erwartet Sabine ja, dass die Kollegin ihren Arbeitseinsatz würdigt, indem sie ein wenig Rücksicht auf ihren Zustand nimmt. Aber nein, nachdem sie bis zur Mittagspause nicht allzu viel geschafft hat, schnauzt die Kollegin sie sogar an: »Trag' deine Bazillen gefälligst woanders hin, du kommst doch eh nicht zu Potte vor lauter Schniefen.«

»Das darf ja wohl nicht wahr sein!«, denkt Sabine. Jetzt schleppt sie sich schon fiebrig zur Arbeit, und das ist nun der Dank! Wenn sie wie die Kollegin bei jeder Kleinigkeit zu Hause bliebe, dann säßen sie jetzt noch bei den Vorgängen vom letzten Jahr!

Aus Sabines innerem Konflikt hat sich ein zwischenmenschlicher Konflikt entwickelt, der mit neuen inneren Konflikten einhergeht. Einer davon könnte die Beschäftigung mit der Frage sein, wie sie sich in diesem sich anbahnenden Konflikt mit der Mitarbeiterin und dessen Auswirkungen auf ihre kollegiale Beziehung verhalten soll.

Wie schon in den vorangegangenen Abschnitten beschrieben, ist unsere Reaktion auf Konflikte abhängig von unserer Wahrnehmung. Und wie nehmen wir Konflikte wahr? Betrachten wir sie als Herausforderung und nutzen sie als Chance, oder verleugnen wir die Signale und reagieren ängstlich und hilflos? Das wiederum hängt ab von unseren Einstellungen und Überzeugungen, die wir durch Konfliktbearbeitung erworben haben. Gelingende Konfliktbearbeitung lässt uns mutig werden und eher zu der Überzeugung gelangen, dass es sich lohnt, Konflikte aktiv anzugehen. Wenn die Konfliktbearbeitung dagegen misslingt, reagieren wir in den kommenden Konfliktsituationen eher ausweichend. Die Überzeugung, dass Konflikte etwas sind, dem man besser aus dem Weg geht, verfestigt sich. Wahrnehmung und Überzeugung verstärken sich also gegenseitig und müssen außerdem in Bezug zu unserer Zielsetzung gesehen werden. Lohnt es sich überhaupt, aktiv zu werden? Ist mein Ziel erstrebenswert genug, um mir dafür einen »Schubs« zu geben, auch wenn meine Erfahrungen mit Konfliktbewältigung vielleicht nicht gerade positiv sind? Das würde möglicherweise etwas an der bisherigen Überzeugung »Konflikt führt zu Zerwürfnis« verändern und auch die Wahrnehmung in eine andere Richtung lenken.

Konfliktmuster

Wenn Sie sich entschließen, in einem schwelenden Konflikt Position zu beziehen, können Sie auf sechs verschiedene Arten reagieren:

1. In den Kampf gehen
Das Ziel im Konflikt heißt: durchsetzen um jeden Preis
• weil der eigene Standpunkt so wichtig ist, dass Sie nicht bereit sind, ihn durch andere hinterfragen zu lassen.

2. Fliehen
Das Ziel im Konflikt heißt: damit nichts zu tun haben zu wollen
• weil es Ihnen nicht wert erscheint, sich mit dem Konflikt zu befassen;
• weil es nicht der richtige Zeitpunkt ist;
• weil Sie andere, für sie selbst wichtigere Interessen verfolgen.

3. Einen Kompromiss machen
Das Ziel im Konflikt heißt: Positionen entschärfen
• weil Sie hoffen, die Gegenseite kommt Ihnen in bestimmten Punkten entgegen, wenn Sie selbst von Ihrer Position ein wenig abrücken. Es findet also ein Tauschgeschäft statt.

4. Nachgeben
Das Ziel im Konflikt heißt: Sie möchten sich in jedem Fall einigen

- weil es Ihnen nichts ausmacht, eigene Ziele (vorläufig) hintenan zu stellen.

5. Delegieren
Das Ziel im Konflikt heißt: Sie wollen eine Lösung mit Hilfe anderer voranbringen
- weil Sie weder sich noch der Konfliktpartei zutrauen, konstruktiv mit dem Konfliktpotenzial umzugehen.

6. Einen Konsens erarbeiten
Das Ziel im Konflikt heißt: Eigene Interessen, wie auch die der anderen, in eine Lösung einfließen zu lassen
- weil Sie glauben, dass beide Seiten betroffen sind und durch eine neue Problemdefinition Vorteile haben werden.

Jedes der oben genannten Verhalten kann »richtig« sein; worauf es ankommt, ist, sich überhaupt zum Konflikt zu verhalten. Schon am Beginn der Überlegung »Wie reagiere ich?« nehmen Sie eine aktive Haltung ein, und das ist der springende Punkt! Wie in unserem Buch *Das Hamsterrad* beschrieben, geht es um das Abwägen von Vor- und Nachteilen, das Überdenken der möglichen Konsequenzen, wenn Sie überlegen, wie Sie sich verhalten. Hier noch einige Fragen, die frau sich stellen kann, bevor sie sich für ein Konfliktmuster entscheidet.

Kampf:
Ist die andere Konfliktpartei relativ friedlich und gesprächsbereit? Dann würde frau mit dem Konfliktmuster »Kampf« vielleicht offene Türen zuschlagen, die dann nicht mehr zu öffnen sind.

Flucht:
Ist das die angemessene Lösung? Stehen Sie auch in der Zukunft zu dieser Entscheidung?

Kompromiss:
Ist die Lösung nur das Ergebnis von langem »Hin und Her«, bei dem frau womöglich den Kürzeren ziehen wird?

Nachgeben:
Ist das nötig und sinnvoll? Ist Ihre eigene Position nicht doch stark genug, um mehr zu erreichen?

Delegation:
Ist es der richtige Zeitpunkt? Ist die Vermittlerin die »richtige« Person?

Konsens:
Das ist sozusagen der Königinnenweg für Konfliktlösung. Die Win-Win-Lösung bietet die Voraussetzung dafür, dass bei niemandem ein schaler Nachgeschmack bleibt.

Wenn wir das Gefühl haben, unmittelbar handeln zu müssen, sind es natürlich nicht in erster Linie Überlegungen, die unser Verhalten bestimmen. Wir alle haben sogenannte »bevorzugte Konfliktstile«, die wir unter Stressbedingungen einsetzen. Wir neigen dann dazu, in vertraute Muster zu fallen. Diese sehr vereinfachten Grundmuster sind nicht dazu gedacht, Menschen in Schubladen zu packen, sondern eine Sensibilität für Unterschiede zu wecken und respektvoll und unterstützend damit umzugehen. Um Ihrem »Muster« näher zu kommen, lesen Sie bitte folgendes Märchen.

Das Märchen von der Suche nach dem Königssohn

»Es waren einmal ein König und eine Königin, die lebten mit ihrer kleinen Tochter Flora glücklich und zufrieden; und alle, die mit ihnen im Schloss wohnten, hatten Teil an diesem Glück. Und alle Menschen, die in diesem kleinen Königreich lebten, liebten ihre gütige Königin und auch ihren treusorgenden König.

Vor allem aber liebten sie ihre kleine, fröhlich lachende Prinzessin. Wenn Flora Geschichten von fremden Ländern las und sich die Bilder dazu anschaute, konnte es sein, dass sie zu ihren Eltern sagte: ›Es gibt viele schöne und interessante Dinge auf dieser Welt, aber am allerschönsten ist es hier bei uns. Niemals werde ich von hier weggehen.‹ Wenn dann die Eltern zu ihr sagten: ›Einmal wird dir unsere kleine Welt nicht mehr genügen. Einmal wird jemand dir begegnen, und der wird dir wichtiger sein als deine Eltern und als das Schloss mit allem, was dazugehört. Dann wirst du uns verlassen.‹ Dann lachte Flora nur laut und rief: ›Das wird niemals geschehen!‹ So vergingen die Jahre, und nichts trübte ihr Glück.

Als Flora fast erwachsen war, sollte ihr Geburtstag mit einem großen Fest gefeiert werden. Dazu musste viel auf dem Markt eingekauft werden. Flora machte es großen Spaß, den Koch bei seinen Einkäufen zu begleiten. Sie ließ sich dabei mit den vielen Menschen wie in einem Strom dahintreiben und lauschte dem Durcheinander der Stimmen.

Inmitten dieses lauten Stimmengewirrs hörte sie auf einmal eine traurige Melodie. Ein fahrender Sänger beklagte in seinem Lied das schlimme Schicksal eines jungen Königssohnes, der von einem mächtigen und grausamen Zauberer entführt worden war und nun von ihm festgehalten wurde. Nur eine junge Frau könnte ihn retten. Aber von den vielen, die sich auf die Suche gemacht hatten, war keine jemals zurückgekommen.

Als Flora sich dann durch die Menschenmenge gedrängt hatte, fiel ihr Blick auf das Bild, das der Sänger zu seinem Lied zeigte, und von diesem Augenblick an hatte nichts anderes mehr für sie Bedeutung. Nichts zählte mehr, nicht das große Fest, nicht das Schloss mit allem, was dazugehörte, nicht Mutter und Vater, die in ihrem Leben bisher so wichtig waren. Was allein zählte, war dieser fremde und doch so vertraute Mensch, den es zu retten galt, und sollte es das Leben kosten.

›Gib mir das Bild‹, bat sie den Sänger, ›ich will dir dafür alles geben, was du verlangst!« Und angerührt von ihrer dringlichen Bitte, schenkte dieser ihr das Bild. Als die Eltern von ihrem Vorhaben erfuhren, erschraken sie sehr und wollten sie von ihren Plänen abbringen, aus Angst, ihr einziges Kind und ihre einzige Erbin zu verlieren. Bald spürten sie, dass Flora diesen Weg gehen musste, und es würde ihnen nicht gelingen, sie gewaltsam zurückzuhalten.

Als die Stunde des Abschieds kam, nahm die Mutter sie noch einmal in die Arme und sprach: ›Du gehst einen gefährlichen Weg. Du wirst zerstörerischen Kräften begegnen. Und wenn dich darüber Zorn und Wut erfasst und dein Inneres dich zum Kampf drängt, dann sollst du dafür gerüstet sein!‹, und sie reichte Flora ihr eigenes kostbares Schwert.

Auch der Vater gab ihr ein Abschiedsgeschenk mit auf den Weg, sein eigenes pfeilschnelles Pferd, und sprach dazu: ›Wenn die Angst dich überwältigt, dann ist es manchmal klüger, zunächst die Flucht zu ergreifen und aus dem sicheren Abstand heraus alles Weitere zu planen, um so das Ziel zu erreichen.‹

Am Tor begegnete Flora ihrer alten Hauslehrerin, und auch sie gab ihr noch einen Rat mit auf den Weg: ›Du bist schön und klug und liebenswert – benutze deine Gaben, um dein Ziel zu erreichen. Wenn dich Schwermut und Hoffnungslosigkeit angesichts einer großen Gefahr überfallen, dann gehe auf die, die dich bedrohen zu, lass dich auf sie ein, pass' dich ihnen an und bringe sie auf deine Seite!‹

Nun hielt Flora nichts mehr zurück, nicht der Schmerz ihrer Eltern, nicht die Erinnerung an all die glücklichen Jahre, nicht der Gedanke an die Gefahren, die sie erwarteten. Und der Weg war weit und gefährlich. Hunger und Durst, Hitze und Kälte waren ihre Begleiter, reißende Flüsse und steile Berge behinderten ihren Weg, wilde und böse Menschen bedrohten sie, aber sie überwand alle Gefahren. Und wenn sie einmal mutlos und verzagt war, dann schaute sie das Bild ihres Prinzen an, und mit neuem Mut und neuer Kraft setzte sie ihren Weg fort.

Als sie endlich das ferne Zauberschloss erreicht hatte, umfing sie eine unheimliche Stille. Kein Vogelgezwitscher war zu hören, kein Summen der Insekten, kein Rauschen der Blätter. Und selbst ihr Pferd, das sie am Zügel führte, setzte lautlos die Hufe auf. Langsam ging Flora weiter und schien fast selbst den Atem anzuhalten. Und da, von einem Augenblick auf den anderen, schien all ihre Sehnsucht in Erfüllung zu gehen. Im Schatten eines Baumes saß der, den ihr Herz so lange gesucht hatte. Doch in diesem Moment der höchsten Glückseligkeit, als sich ihre Blicke trafen, geschah das Schreckliche. Plötzlich, wie aus dem Nichts gekommen, stand der Zauberer zwischen ihnen, und es schien, als ginge von ihm die Bosheit der ganzen Welt aus. Bei ihm waren bewaffnete Soldaten. Einige zerrten den Prinzen weg, andere richteten ihre tödlichen Waffen auf Flora. Bedrohlicher als ihre Waffen schienen ihr die Unbarmherzigkeit und Grausamkeit, die sie in den Gesichtern dieser Männer wahrnahm.«[5]

Finden Sie nun für sich die Fortsetzung dieses Märchens. Greifen Sie spontan und voller Wut zum Schwert und nehmen den Kampf auf? Oder versuchen Sie, den Mächtigen auf Ihre Seite zu bringen und durch Diplomatie Ihr Ziel zu erreichen? Oder bringen Sie sich lieber auf dem Pferd in Sicherheit, um sich aus sicherem Abstand Ihre weitere Strategie zu überlegen?

Beziehen Sie Ihre FreundInnen mit ein und tauschen Sie sich aus, versuchen Sie die anderen von Ihrer Entscheidung zu überzeugen und prüfen Sie die Argumente der anderen. Wenn Sie diese Fortsetzungsübung öfter durchspielen, versuchen Sie ruhig einmal, eine andere Position einzunehmen. So können Sie spielerisch einmal ausprobieren, wie es ist, wenn Sie gegen Ihre ursprüngliche Überzeugung handeln.

ZIELE

»›Würdest du mir bitte sagen, wie ich von hier aus weitergehen soll?‹
›Das hängt zum größten Teil davon ab, wohin du möchtest‹, sagte die Katze.
›Ach, wohin ist mir eigentlich gleich ...‹, sagte Alice.
›Dann ist es auch egal, wie du weitergehst‹, sagte die Katze.«[6]
(Lewis Carroll)

Was hat dieses Beispiel mit Zielen zu tun? Nun, Alice hat scheinbar keines. Sie weiß nicht, wohin sie will. Wenn sie aber nicht weiß, wohin ihre Reise gehen soll, wie soll sie dann wissen, welchen Weg sie gehen kann, und wie wird sie wissen, ob sie angekommen ist? So bleibt ihr Weg beliebig. Vielleicht kommt sie irgendwo an, wo es ihr gefällt, vielleicht erreicht sie aber auch einen Ort, der ihr ganz und gar nicht behagt.

Im übertragenen Sinn heißt das: Wenn Sie so leben wollen, wie Sie möchten, müssen Sie wissen, *was* Sie wollen, *was* Sie anstreben – Sie brauchen ein Ziel.

Was aber sind Ziele? Ziele beschreiben ein Ergebnis, einen Zustand, den wir erreichen wollen. Nicht immer haben wir ein eindeutiges Ziel. Manchmal treiben uns unbestimmte Sehnsüchte oder Wünsche, manchmal auch ein diffuses Unbehagen. Konkrete Ziele werden unsere Wünsche erst dann, wenn wir sie uns klar machen und benennen; dann erst können wir sie bewusst ansteuern. Ziele, die wir nicht konkretisieren, bleiben fast immer in mehr oder weniger unverbindlichen Absichtserklärungen stecken.

Wir alle kennen die oft am Silvesterabend gefassten guten Vorsätze, beispielsweise: »Nächstes Jahr will ich abnehmen!« oder »... weniger rauchen«. Und wir alle wissen aus eigener Erfahrung: So wird das nichts! Was genau ist denn mit »abnehmen«, bzw. »weniger rauchen« gemeint? Sollen zwei Kilogramm oder zwanzig runter? Wollen wir unseren Zigarettenkonsum um fünf Zigaretten reduzieren oder gleich ganz aufhören? In welchem Zeitraum soll das alles passieren? Je klarer und eindeutiger ein Ziel formuliert und je anziehender (attraktiver) es für uns ist, desto höher ist die Wahrscheinlichkeit, dass wir es erreichen.

Sie müssen sich also fragen: Ist das, was ich anstrebe, wirklich *attraktiv*er, als das, was ich aufgebe? Kann ich auf bestimmte (zum Beispiel fetthaltige) Lebensmittel verzichten und mich regelmäßig zu sportlicher Betätigung motivieren, oder liebe ich das köstliche Stück Sachertorte im Operncafé über alles und genieße überhaupt mein Dasein als Couch-Potato so sehr, dass ich nur ungern darauf verzichten möchte? Wenn Sie in den Kategorien »Verzicht« versus »Genuss« denken, wird es Ihnen schwer fallen, Ihr Ernährungsverhalten dauerhaft umzustellen. Und das bringt uns zu einem weiteren Punkt der Zielformulierung: Ihr angestrebtes Ziel muss nicht nur attraktiv für Sie sein, Sie müssen es auch noch so *positiv formulieren*, dass Sie Lust bekommen und motiviert sind, es zu erreichen, auch wenn es auf dem Weg dahin mal ein Tief gibt.

Leider wird häufig vergessen, dass es mit einem wunderbar beschriebenen Ziel allein nicht getan ist. Genauso wichtig ist es, zu wissen, welchen Weg wir einschlagen müssen, um dorthin zu gelangen. Wir brauchen also ein Weg-Ziel. Wissen wir den Weg nicht, geht es uns wie Alice. Viele Menschen scheitern bei der Umsetzung ihrer Ziele, weil sie den Weg zum Ziel nicht genau genug beschreiben. Um bei dem Beispiel »Abnehmen« zu bleiben: Die meisten von uns formulieren ihr Abnehmziel meist so: »Im nächsten Vierteljahr werde ich sechs Kilogramm abnehmen.« Zwar ist dieses Ziel konkret und eindeutig formuliert. Es beschreibt ein Ergebnis-Ziel, das genau und messbar ist und auch eine zeitliche Dimension aufweist. Allerdings sagt dieses Ziel nichts darüber aus, *wie* es umgesetzt werden soll – der Weg zum Ziel fehlt. Aber genau auf diesen Weg kommt es an – egal, ob Sie abnehmen, weniger rauchen oder Ihren Arbeitsplatz wechseln wollen. Denn dieser Weg ist damit verbunden, dass Sie Ihre Überzeugungen verändern, Ihre Wahrnehmung erweitern und gewisse Verhaltensweisen aufgeben müssen. Sind Sie bereit, die Konsequenzen des Weges, der zum Ziel führt, auf sich zu nehmen?

Während ein *Ergebnis-Ziel* zum Abnehmen in etwa so aussehen könnte: »Mit meinem Wunschgewicht von ... Kilogramm, das ich bis zum ... erreiche, gewinne ich mein Wohlbefinden zurück«, würden Sie ein *Weg-Ziel* beispielsweise so formulieren: »Ich achte täglich auf gesunde, ausgewogene sowie fettarme Ernährung und jogge dreimal in der Woche nach Feierabend eine Stunde durch den Park. Auf diese Weise gewinne ich Tag für Tag mehr Wohlbefinden und erreiche in kleinen Schritten bis zum ... mein gewünschtes Gewicht.«

Wenn Sie Weg-Ziele formulieren wollen, kann Ihnen die S.M.A.R.T.-Technik dabei helfen. Sie umfasst fünf Kriterien, die für Zielformulierungen ausschlaggebend sind.

S *S*pezifisch konkret
- Was genau wollen Sie?

M *M*essbar
- Woran erkennen Sie, dass Sie Ihr Ziel erreicht haben?

A *A*ttraktiv
- Sind Sie bereit, sich dafür zu engagieren?

R *R*ealistisch
- Liegt es im Bereich des Möglichen für Sie?

T *T*iming
- Wann genau ist das Ziel erreicht?

In Krisensituationen Ziele zu finden, ist natürlich schwieriger als in normalen Zeiten, aber auch wichtiger! Denn welches Ergebnis wir ansteuern, beeinflusst sowohl unsere Wahrnehmung als auch unser Konfliktverhalten, was beides wiederum von den Überzeugungen, die uns leiten, getragen wird. Eines ist mit dem anderen untrennbar verbunden und zieht bestimmte Konsequenzen nach sich, doch um *welche* Konsequenzen es sich handelt, ist abhängig von der Wahl des Zieles, des Ergebnisses, das wir erreichen wollen.

Da die Arbeit an und mit Zielen extrem wichtig ist, haben wir für Sie eine Übung erstellt, die Sie nutzen können, um sich mit Ihrer Zukunft zu beschäftigen.

Wenn Sie sich auf ein Ziel in der näheren Zukunft beziehen möchten, formulieren Sie bitte den zeitlichen Rahmen entsprechend um.

Übung: Berufliche Zukunftsvisionen

Sie sind in Ihrem beruflichen Alltag an Grenzen gestoßen und wünschen sich Veränderung. Sie wissen jedoch nicht, wie sich solche Veränderungen auf Ihr Leben auswirken. Sie würden ja gerne etwas verändern, wenn Sie wüssten, wie es wäre, wenn Sie es täten ...

Wählen Sie einen ruhigen Ort und nehmen Sie sich genügend Zeit. Legen Sie sich etwas zu schreiben bereit. Machen Sie es sich ganz bequem, entspannen Sie sich und freuen Sie sich auf Ihre Phantasien.

1. Erinnern Sie sich an eine für Sie befriedigende Arbeitssituation.
Stellen Sie sich diese Szene bildlich vor. Was macht diese Situation so anziehend für Sie? Was sehen und hören Sie, wie fühlen Sie sich dabei?

2. Erinnern Sie sich an eine für Sie unbefriedigende Arbeitssituation.
Was hat sie für Sie so unbefriedigend gemacht? Was fehlte?

3. Stellen Sie sich Ihren Wunsch-Arbeitsalltag in fünf Jahren vor.
Was machen Sie genau? In welcher Rolle sind Sie, welche Position haben Sie? Versuchen Sie, sich typische Gespräche vorzustellen, mit KollegInnen, Vorgesetzten, MitarbeiterInnen.

4. Wie sieht Ihr Privatleben in fünf Jahren aus?
Was machen Sie nach Feierabend, am Wochenende mit Ihren FreundInnen, Ihrer Familie, Ihren Kindern?

Sie haben nun ein Bild Ihres Lebens in fünf Jahren vor Augen. Die Frage ist nun: Wie sind Sie dahin gekommen?

5. Mit welchen Aktivitäten und welchem Verhalten können Sie Ihre Vision umsetzen? Was müssten Sie konkret tun?

6. Welche Aktivitäten und welches Verhalten führen eher weg, bzw. halten Sie in der Situation fest, in der Sie sich momentan befinden?

Sie wissen nun, wie es wäre, wenn ..., was Sie tun könnten, um es zu erreichen, und was Sie besser lassen sollten.

7. Was sind morgen Ihre ersten Schritte auf dem Weg zu Ihrem Wunsch-Arbeitsplatz?

KAPITEL 3
Bettina Bleibtreu

Bettina in der Zwickmühle

»Wie oft hab' ich euch schon gesagt, dass ihr eure Sachen wegräumen sollt!« Schwer bepackt mit Einkäufen stolpert Bettina Bleibtreu über die Inline-Skates ihres siebenjährigen Sohnes in die Küche und schaut sich suchend nach einem Abstellplatz für die Lebensmitteltüten um. Auf dem Küchentisch steht noch immer das Frühstücksgeschirr, und auf den Arbeitsflächen türmen sich undefinierbare bunte Brocken aus Knetmasse. Entnervt lässt Bettina die Tüten einfach fallen.

Freudestrahlend stürzt Lilly, ihre Jüngste, in die Küche. »Guck' mal, Mama, die bunten Tiere da habe ich heute mit Knete gemacht. Die musst du jetzt nur noch in den Backofen stellen, damit sie hart werden, dann können wir morgen im Kindergarten damit spielen.«

Mühsam beherrscht ringt sich Bettina ein Lächeln ab. »Ja fein – aber nimm' sie jetzt bitte mit in dein Zimmer. Ich muss hier erst mal Ordnung reinbringen. Wo ist eigentlich Papa?«

»Der guckt mit Tobias Fußball. Hast du mir was mitgebracht?«

»Hör zu Lilly, du gehst jetzt nach oben zu Sarah zum Spielen. Ich rufe dich, wenn das Abendessen fertig ist.« Widerstrebend zieht Lilly ab. Wenn ihre Mutter diesen bestimmten Tonfall hat, ist es besser, sich unsichtbar zu machen.

Bettina beschließt, sich erst einmal einen Tee aufzubrühen, als das Telefon klingelt. Nach dem fünften Klingeln ist sie sich sicher, dass wohl niemand anders ans Telefon gehen wird und greift zum Hörer. »Hei Bettina – was haben denn die Karten gekostet?«, hört sie die gutgelaunte Stimme ihrer Freundin.

»Ach du meine Güte, Anke, stimmt, wir wollten ja ins Theater, tut mir leid, das hab' ich völlig vergessen. Ich musste heute wieder länger bleiben. Bei uns gab's heute einen Buchungsfehler, und ich war mal wieder schuld. Herr Bollmann ist überhaupt nicht auf meine Einwände eingegangen und hat verlangt, dass ich mich darum kümmere. Deswegen weiß ich auch gar nicht, ob ich das Donnerstag überhaupt schaffen kann, und außerdem ist mir sowieso nicht danach, auszugehen.«

»Du immer mit deiner Bank. Das geht ja jetzt schon mindestens seit einem Jahr so. Ich glaube, ja, das fing mit deinem neuen Gruppenleiter, diesem Bollmann, an. Ich fand's ja schon komisch, dass sie dich nicht für den Posten vorgeschlagen haben, du hast doch viel mehr Berufserfahrung als der. Seit über fünfzehn Jahren ackerst du schließlich für die Typen.«

»Aber das habe ich doch gar nicht gewollt. Wie hätte ich das denn auch schaffen sollen mit den Kindern?«

»Ich kann mir nun wirklich nicht vorstellen, dass man als Gruppenleiterin mehr arbeiten muss als du jetzt.«

»Ist ja auch egal. Bis vor einem halben Jahr war jedenfalls noch alles okay. Erst da fing er an, mir immer die schwierigsten Fälle zuzuschieben und ständig kurz vor Feierabend mit angeblich ganz wichtigen Sachen anzukommen.«

»Merkst du denn nicht, worauf der's abgesehen hat? Der macht dich doch völlig fertig. Du kannst ja nachts schon gar nicht mehr schlafen, hast ständig Kopfschmerzen. Jeden Schnupfen nimmst du mit, und es würde mich nicht wundern, wenn deine ständigen Kreislaufeinbrüche auch mit deinem Job zu tun haben ...«

»Nun hack' du nicht auch noch auf mir rum. Es reicht mir schon, wenn Bernd mir ständig sagt, wie ich mich seiner Meinung nach verhalten soll. Du kannst dir gar nicht vorstellen, wie das ist, wenn du morgens ankommst und nur noch darauf warten kannst, was der Bollmann sich heute wieder ausgedacht hat. Dem kann ich ja nichts mehr recht machen. Ständig lässt er sich was Neues einfallen, um mich zu schikanieren. Und die anderen halten's noch nicht mal mehr für nötig, mich zu grüßen. Statt dessen tuscheln sie untereinander. Wenn überhaupt mal einer mit mir spricht, dann so ganz von oben herab. Wahrscheinlich sind alle nur froh, dass der Bollmann nicht sie auf dem Kieker hat.«

»Und wie soll das eigentlich weitergehen? Das wird ja langsam zum Dauerzustand.«

»Was soll ich denn machen? Als ich das letzte Mal beim Abteilungsleiter was angedeutet habe, kam ja auch prompt die Abmahnung. Da möchte ich mir nicht noch mal die Finger verbrennen. Ich kann froh sein, dass die mich nicht gleich rausgeschmissen haben. Heutzutage muss man doch froh sein, mit neununddreißig überhaupt einen festen Job zu haben. Da muss man eben gute Miene zum bösen Spiel machen.«

»Und wenn du dich wenigstens mal für ein, zwei Wochen krankschreiben lässt?«

»Um Gottes Willen, dann muss ich das hinterher nur ausbaden. Du glaubst doch nicht, dass jemand meine Arbeit übernimmt?«

Ihre Freundin Anke seufzt auf. »Also Bettina, da komm' ich allmählich nicht mehr mit. Einerseits jammerst und klagst du ständig, wie sehr dich die Arbeit fertig macht, und andererseits scheint es dir egal zu sein, dass du gesundheitlich vor die Hunde gehst. Ehrlich gesagt, ich bin so langsam ratlos. Ich weiß nicht, wie ich dir da helfen kann. Den Theaterabend kannst du dir ja noch mal überlegen. Vielleicht telefonieren wir nächste Woche wieder.«

Resigniert legt Bettina den Hörer auf und merkt, wie sich ein dumpfes Gefühl im Kopf ausbreitet, mit dem sich üblicherweise ein Migräneanfall ankündigt. Sie stellt fest, dass auch dieser Feierabend für sie wieder mal gelaufen ist. Die Freundin verärgert, Mann und Sohn vergnügen sich vorm Fernseher, die Tochter spielt bei den Nachbarskindern, und an ihr bleibt wieder alles hängen. Aber nun gut, es hilft ja nichts, das Abendbrot muss schließlich noch gemacht werden, und für morgen ist auch noch nichts vorbereitet. Aus dem Wohnzimmer dröhnt ihr die Werbemusik von der Biersorte entgegen, die mit Quellwasser gebraut wird, ein Zeichen dafür, dass die erste Halbzeit beendet ist. Und schon steht ihr Mann in der Küche und begrüßt sie mit einem Kuss auf die Wange.

»Hallo Schatz, na, wie war dein Tag?« Er geht zum Kühlschrank, um sich eine Flasche Bier zu holen. »Hast du auch an die Chips gedacht? Tobias und ich sind am Verhungern.«

Bettina unterdrückt ihren Unmut und holt die Chips aus einer der Tüten. Sie überlegt, ob sie Bernd von ihrem Tag erzählen soll, doch das würde ja keinen Sinn machen, weil das Fußballspiel in zehn Minuten weiter geht. »Aber stopft euch nicht so voll. In einer Stunde gibt es Abendbrot.«

Bernd nimmt sie in den Arm. »Du siehst ziemlich geschafft aus. Willst du dich nicht erst mal zu uns setzen?«

»Und dann gibt's das Essen um zehn? Nein, nein, geh' mal wieder rüber, ich mach' das hier schon.«

Gegen Mitternacht sinkt Bettina endlich erschöpft ins Bett, wo Bernd schon seit geraumer Zeit friedlich vor sich hinschlummert. Eine Stunde wälzt sie sich unruhig hin und her, nur um dann noch einmal aufzustehen und zwei weitere Kopfschmerztabletten einzunehmen, nachdem die drei vorherigen nicht die gewünschte Wirkung gezeigt haben.

Als am nächsten Morgen der Wecker klingelt, sind die Kopfschmerzen zwar weg, aber Bettina fühlt sich wie gerädert. Wahrscheinlich hat sie wieder höchstens vier Stunden geschlafen. Der Blick in den Spiegel bestätigt ihr das: Tiefe dunkle Ringe zeichnen ihr Gesicht. Nach einer Katzenwäsche macht sie im Eiltempo für Bernd und die Kinder das Frühstück, ihr selbst reicht ein Becher schwarzer Kaffee. Um sieben Uhr dreißig ziehen die drei endlich ab, und wohltuende Ruhe umgibt sie.

Am liebsten würde sich Bettina jetzt wieder ins Bett legen, und sie überlegt einen Moment lang, wie es wäre, wenn sie heute tatsächlich einmal zu Hause bliebe, um sich eine kurze Verschnaufpause zu gönnen. Vielleicht könnte sie am Nachmittag zum Italiener gehen und ein Eis essen ... Erschrocken hält sie inne, geradezu ungeheuerlich erscheinen ihr diese Gedanken. Was ihre Freundin Anke aber auch für Vorstellungen hat, als wenn man einfach so wegbleiben könnte. Was wäre, wenn sie jemand von der Bank sehen würde? Gar nicht auszudenken, was das für Folgen hätte. Also greift Bettina ihre Tasche und macht sich auf ihren persönlichen »Gang nach Canossa«.

Zehn Uhr: Bettina fängt an, ihren Stapel Post durchzuarbeiten. Unter anderem enthält er einen Brief von Herrn Dreher, in dem er für die Rückzahlung des vor einiger Zeit bewilligten Kredits von 200 000 Euro einen weiteren Aufschub der Ratenzahlungen beantragt. »Na bitte«, denkt sich Bettina, »das war ja zu erwarten«. Sie hatte damals vor einem Jahr bei der Bearbeitung der Antragsunterlagen zu bedenken gegeben, dass die Sicherheiten von Herrn Dreher nicht ausreichten. Doch Herr Bollmann hatte ihre Vorbehalte vom Tisch gewischt und dafür gesorgt, dass Herr Dreher (sein Squash-Partner, wie sie einige Zeit später erfuhr) das Geld bekam.

Was nun? Eigentlich müsste sie diese Anfrage abweisen, aber dann bekäme sie Ärger mit Herrn Bollmann. Würde sie die Anfrage gleich an ihn weiterleiten und dieser würde – was zu erwarten wäre – seinem Spezi den Zahlungsaufschub bewilligen, säße sie da mit dem Wissen, dass ihr direkter Vorgesetzter unkorrekt verfährt. Wie sie es auch dreht und wendet, sie fühlt sich in einem Dilemma.

Mitten hinein in ihre Überlegungen klingelt ihr Telefon. Die Sekretärin von Herrn Marckendorff, dem Abteilungsleiter für Kreditwesen, teilt ihr mit, dass sie sich bitte umgehend bei ihm einzufinden habe.

»Auch das noch«, denkt Bettina, »ausgerechnet jetzt. Der lässt mir ja noch nicht mal Zeit, mir die Nase zu pudern.« Sie lässt alles stehen und liegen, um in das oberste Stockwerk zu hasten.

»Die Herren erwarten Sie schon«, begrüßt sie die Sekretärin im Vorzimmer. »Gehen Sie bitte gleich durch.«

Bettina stutzt. »Die Herr*en*?« Am großen Konferenztisch sitzt Herr Marckendorff, zu seiner Rechten Herr Bollmann. Der Abteilungsleiter begrüßt sie freundlich und bittet sie, Platz zu nehmen.

»Wie geht es Ihnen denn, Frau Bleibtreu?«

Bettina ist irritiert. »Seit wann interessiert die das?«, wundert sie sich. »Ganz gut«, antwortet sie.

Herr Marckendorff fährt fort: »Herrn Bollmann ist aufgefallen, dass Sie sich gar nicht wohl zu fühlen scheinen. Außerdem höre ich, dass Ihnen in der letzten Zeit immer häufiger Buchungsfehler passieren und die Anzahl der von Ihnen zu bearbeitenden Vorgänge rapide sinkt. Ich kann nicht erkennen, dass sich Ihre Arbeitsleistung seit der letzten Abmahnung erkennbar verbessert hat. Vor drei Monaten hatten Sie sich beklagt, dass die Arbeitsbelastung für Sie im Vergleich zu Ihren Kolleginnen zu hoch sei. Ich habe das damals überprüfen lassen, und das Ergebnis war, dass Sie nicht nur weitaus weniger leisten als Ihre Kolleginnen, sondern auch sehr fehlerhaft arbeiten, was uns einige Beschwerden von Kunden eingebracht hat. Nun höre ich von Herrn Bollmann, dass sich daran nicht das geringste geändert hat. Wir sehen daher keine andere Möglichkeit, als Ihnen erneut eine Abmahnung zu erteilen. Ich brauche Ihnen wohl nicht zu sagen, was das bedeutet. Ab heute wird Herr Bollmann alle Ihre Vorgänge gegenzeichnen. Außerdem werden Sie keine Kundengespräche mehr führen und damit hoffentlich die Zeit finden, zu der Leistung Ihrer Kolleginnen aufzuschließen.«

Bettina verschlägt es die Sprache. Sie ist so erschüttert, dass sie nur noch ein kraftloses Kopfnicken zustande bringt.

»Gut, Frau Bleibtreu, dann gehen Sie jetzt zurück an Ihren Arbeitsplatz. Wir sprechen uns in vier Wochen wieder. Herr Bollmann wird mir in der Zwischenzeit Bericht erstatten.«

Nur mühsam kann Bettina ihre Gefühle beherrschen, sie kämpft mit den Tränen. Wortlos verlässt sie den Raum und stürzt durch das Vorzimmer an der verdutzten Sekretärin vorbei. »Hoffentlich sieht mich jetzt keiner!«, denkt sie und flüchtet sich in den Toilettenraum, wo sie ihren Tränen ungehindert freien Lauf lassen kann. Sie fragt sich, wie es nur so weit kommen konnte. Ist das der Dank für ihren jahrelangen Einsatz? Dafür, dass sie immer auf der Matte stand und erst im letzten Sommer klaglos ihren Urlaub wegen dringender Terminarbeiten in der Abteilung verschoben hatte, obwohl andere Kolleginnen ohne Kinder das wesentlich bequemer hätten bewerkstelligen können? Sie überlegt zum wiederholten Mal: »Warum bin ich immer schuld, wenn irgendwas schief läuft?«

Nachdem sie sich ein wenig beruhigt hat, geht Bettina wieder an ihren Schreibtisch zurück und versucht, so normal wie möglich zu wirken. Aus den Augenwinkeln beobachtet sie, wie die KollegInnen in der Teeküche die Köpfe zusammenstecken und mal wieder die Pause weidlich ausdehnen. »Die haben's gut«, denkt sie. »Die müssen sich nicht mit solchen Problemen rumschlagen. Was hat der Bollmann eigentlich gegen mich? Und jetzt macht der Marckendorff auch noch mit? Was hat der Bollmann ihm bloß erzählt? Dass ich weniger schaffe als die anderen, das stimmt einfach nicht. Ich weiß gar nicht, wie der an diese Zahlen kommt. Und die Buchungsfehler, die in letzter Zeit passieren – woher will der wissen, dass ich daran schuld bin? Die haben mich ja noch nicht mal gefragt, wie ich mir das erkläre. Und jetzt auch noch keine Kundengespräche mehr. Das ist doch hier die einzige Möglichkeit für mich, überhaupt mal mit anderen zu reden. Die KollegInnen haben sich ja auch immer mehr zurückgezogen.«

Susi Fiedler, die ihren Arbeitsplatz gegenüber hat, unterbricht ihre trüben Gedankengänge. »Du musstest zum Chef? Was war denn los?«

In Bettina steigt ein Panikgefühl auf. »Ist die jetzt gekommen, um mich auszuhorchen? Die glaubt doch nicht, dass ich hier noch irgendjemandem traue.«

»Ach, nichts Besonderes«, antwortet sie ausweichend.

Susi blickt sie überrascht an. Irgendwie bringt sie es nicht zusammen. Sie registriert die verweinten Augen von Bettina. Ganz offensichtlich hat es ein unangenehmes Gespräch gegeben, an dem Herr Bollmann auch beteiligt war, denn der ist den ganzen Morgen nicht in der Abteilung aufgetaucht. Aber Bettina tut einfach so, als sei nichts geschehen. Den Bollmann würde sie ja auch nicht gerade als Menschenfreund bezeichnen, aber in letzter Zeit scheint seine Hauptaufgabe ja nur noch darin zu bestehen, Bettina zu schikanieren.

»Du, wenn es irgendwas mit unserem tollen Chef zu tun hat, dann geh' doch mal zum Betriebsrat, die sind ganz nett da, und die kommen auch mit, wenn du noch mal zu einem Gespräch musst.«

»Wenn ich mit dem Betriebsrat aufkreuze, fällt bei dem doch die Jalousie ganz runter. Und wirklich was machen können die doch auch nicht.«

»Na ja, war ja nur 'n Vorschlag«, antwortet Susi und geht wieder zu den KollegInnen in die Teeküche.

»Und? Was ist los?«, wird sie dort von Annegret, die seit dreißig Jahren in der Filiale arbeitet, gefragt.

»Angeblich nichts Besonderes. Aber sie sieht völlig fertig aus.«

»Kein Wunder«, meint Thomas, »so wie der Bollmann mit ihr umspringt. Ich verstehe nicht, warum sie sich da nicht wehrt. Erst gestern hat er einfach behauptet, dass sie den Buchungsfehler verbockt hat. So weit ich das überblicke, kann sie das gar nicht gewesen sein, und ich würde mich nicht wundern, wenn das auf seinem eigenen Mist gewachsen ist, und er mal wieder einen Sündenbock braucht. Ich frage mich nur, warum er sich dazu Bettina ausgesucht hat.«

Da schaltet sich Birgit ein. »Na, irgendetwas wird da schon sein. Wer weiß, was sie angestellt hat.«

»Ach, hör' doch auf, du bist doch nur froh, dass du nicht so im Rampenlicht stehst!«, entgegnet ihr Susi, doch Birgit fällt ihr ins Wort.

»Sie hat's ja noch nicht mal nötig, mit uns zu reden. Heute morgen ist sie wieder ohne Gruß an mir vorbeigerauscht.«

»Na, so wie du auch morgens drauf bist ...« entgegnet Susi.

»Kinder, jetzt hört doch auf!«, greift Annegret beschwichtigend ein. »Ist doch egal, jede hat eben so ihre Art. Und jetzt lasst uns lieber wieder an die Arbeit gehen, sonst können wir demnächst auch bei Marckendorff antanzen.«

Bettinas Überzeugung: Erst sind die anderen dran

Bettina Bleibtreu, pflichtbewusst sorgt sie für ihre Familie, pflichtbewusst begegnet sie ihren Vorgesetzten. Sie nimmt Arbeit und Vorwürfe entgegen wie ein übergroßer Müllschlukker, in den alles hineingestopft, der aber niemals entsorgt wird. Klaglos tut sie das nicht, ein wenig Entlastung muss schon sein, aber nur so viel, dass wieder ein bisschen nachgeschoben werden kann. Alle wollen etwas von ihr, die Chefs, die KollegInnen, der Ehemann, die Kinder, die Freundin, sie fühlt sich zunehmend hilflos ausgeliefert. Sie begegnet den anderen wie ein Fass ohne Boden und ignoriert, dass auch sie einen Boden, eine Grenze hat. Antriebslosigkeit, ständiges Gedankenkreisen, Frustationserlebnisse und auf der körperlichen Ebene Kopfschmerzen, Schlaflosigkeit und eine erhöhte Infektanfälligkeit gehören mittlerweile zu ihrem Leben. Ein Tag, an dem Bettina einigermaßen glimpflich davonkommt, scheint ihr ein guter Tag. Anspruch auf »mehr« hat sie sich abgeschminkt. Sie akzeptiert diesen Zustand als unabänderlich. Sie glaubt, durch eine immer höhere Anpassungsleistung von ihrer Seite die Situation einigermaßen im Griff behalten zu können, gibt ihre ganze Energie in die Bewältigung der Aufgaben, die sie für die ihren hält.

Aber was sind Bettinas Aufgaben? Die lässt sie sich von anderen definieren. All das, was an sie herangetragen wird, egal, ob ausgesprochen oder unausgesprochen, nimmt sie auf und erfüllt es, ungeachtet ihrer eigenen Bedürfnisse. Fragen danach, wo sie denn dabei bleibt, wenn sie den Wünschen anderer nachkommt, stellt sie sich gar nicht erst, sie hat sie sozusagen nicht auf der Rechnung. Sie kümmert sich erst einmal um »die anderen«, wer immer diese sind.

Mit ihrer Überzeugung: »Ich muss alle anderen zufrieden stellen« wird Bettina früher oder später in einer Sackgasse landen. Irgendwann nützt alles »Nachschieben« nichts mehr, dann muss ein »Recyclingprogramm« oder zumindest eine »getrennte Müllentsorgung« her. Aber dieser Erkenntnis weicht sie aus. Solange es irgendwie geht, wird weitergemacht. Damit kennt sie sich aus. Alles andere widerspricht ihrer Überzeugung, mit Alternativen kann man ihr nicht kommen. Bettinas Logik sagt ihr: »Wenn alle anderen zufrieden sind, bin ich es auch.« Diese Überzeugung hat aber (in ihrer Situation) einen Haken, und der heißt: »Wenn die anderen nicht zufrieden sind, bin ich es auch nicht.« Also bleibt ihr nichts anderes übrig, als alles daranzusetzen, die

Ansprüche ihres Umfeldes zu befriedigen, alle zufrieden zu stellen, damit auch sie zufrieden sein kann. Wenn aber nun, wie für Mobbing charakteristisch, die Protagonistin mit ihren Mitteln den Mobber gar nicht zufrieden stellen kann, weil sein Ziel nicht Zufriedenheit *mit* ihr, sondern Zufriedenheit *ohne* sie heißt? Dann steckt die Betroffene in einem Konflikt, den sie mit ihrer Überzeugung nicht mehr lösen kann.

Vor lauter Eifer im »Nachschieben« macht Bettina auch gar keine Unterscheidung mehr zwischen Anforderungen, die zu erfüllen ihr schaden, und solchen, denen nachzukommen ihr gut tun würde. Anforderungen sind Anforderungen, Gradmesser für deren Erfüllbarkeit setzen andere, nicht Bettina selbst. Die anderen machen, sie lässt machen, die anderen agieren, sie reagiert. Sie fühlt sich als Opfer der Umstände. »Veränderung« kann sie sich noch nicht einmal mehr denken, geschweige denn herbeiführen. Ist das Gehirn in Krisensituationen womöglich »kein Erkenntnis-, sondern ein Überlebensinstrument«?[7]

Gefangen in ihrer Überzeugung verschwimmen für Bettina allmählich nicht nur die Unterschiede in der Art der Anforderung, sondern auch die zwischen den einzelnen Handelnden, die ihr etwas abverlangen. Der Chef ruft – Bettina stürzt (voll banger Ahnung) hin; die Kollegin erkundigt sich nach ihrem Befinden – sie wittert Spionage; die Freundin will mit ihr ins Theater – sie glaubt, die will sie noch mehr stressen. Alle wollen etwas von ihr, etwas, das sie Energie kostet, und genau davon hat sie so wenig. Bettina erkennt, dass sie nicht mehr alle und alles bedienen kann und setzt Prioritäten. Wer oder was hat welche Wichtigkeit? Die Bedürfnisse des Chefs sind wichtiger als die der Freundin; in der Konsequenz flitzt sie hin, wenn er ruft. Ruft die Freundin, ist schon eher ein wenig Abgrenzung erlaubt. Nicht, dass Bettina das in einem klaren »Nein« äußert, aber so ein bisschen Unwillen lässt sie da schon mal erkennen.

Irgendwann wird Bettina aufgeben müssen. Spätestens dann, wenn aus den »Vorsicht«-Signalen massive Stoppzeichen werden, und sie körperlich und seelisch so am Boden ist, dass es einfach nicht mehr weitergeht.

Was könnte sie tun, um es gar nicht erst so weit kommen zu lassen? Was könnte sie gewinnen, wenn sie sich die Chance gibt, die Überzeugung, die sie leitet, zu hinterfragen? Hinterfragen heißt noch lange nicht, Überzeugungen zu verändern. Hinterfragen bedeutet erst einmal, genau hinzuschauen:

- Welche Überzeugung leitet mich?
- Ist die Überzeugung tauglich, um mich aus der Krise herauszubringen, oder ist sie eher hinderlich?
- Hätte ich eine andere Überzeugung, würde ich dann andere Entscheidungen treffen?
- Welche Überzeugung könnte das sein?
- Zu welchen Entscheidungen würde das führen?
- Was könnte bestenfalls/schlimmstenfalls passieren?

Schon, wenn Bettina sich diese Fragen stellt, wird aus ihrer passiven Haltung eine aktive. Das fraglose Hinnehmen hat ein Ende gefunden. Dadurch, dass sie hypothetisch »schaut«, erkennt sie die paradoxe Gegebenheit an, dass zwar die Möglichkeit destruktiver Verstrickung besteht, »Leben« aber auch bedeutet, die eigene Wirklichkeit zu konstruieren. Wir sind Gestaltete, aber immer auch GestalterInnen. Bettina könnte erkennen, dass eine Überzeugung, so sinnvoll sie auch in vielen Zusammenhängen sein mag, nicht die ultimative Antwort auf alle Wechselfälle des Lebens sein kann und auch nicht ist.

»Schau, was folgt, wenn du dies (oder jenes) annimmst«.[8] Dieser Satz von Ludwig Wittgenstein kann als »Denkanweisung« gelten, wenn wir die Überzeugung, die uns so handeln lässt, wie wir handeln, hinterfragen.

Bettina Bleibtreu ist über einen langen Zeitraum einem stetig anwachsenden Druck ausgesetzt. Diesem langsam anwachsenden Druck hat sie sich sukzessive angepasst und konnte in der sich Stück für Stück verschärfenden Situation ihre Überzeugung beibehalten – bis dahin, wo diese sie nicht mehr trägt, sich aber keine Alternative zum Weitermachen anzubieten scheint. Und genau da gilt es für sie anzusetzen: Ist das wirklich so? Die durch Druck entstandenen eingefahrenen Denkmuster und verfestigten Überzeugungen zu hinterfragen – und zwar »häppchenweise« und probehalber – ist eine der wenigen, aber entscheidenden Möglichkeiten, eine Krise als Chance zu nutzen. Überzeugungen sind Konstrukte, keine objektiven Tatsachen.

Bettinas Wahrnehmung: Alle wollen etwas von mir

Wenn Bettina Bleibtreu die Überzeugung hat: »Ich muss alle anderen zufrieden stellen«, lenkt sie ihre Aufmerksamkeit und ihre Beobachtungen, gerade in dieser Krisenzeit, auf das, was ihre Überzeugung stützt. So wird sich, je mehr sich die Mobbingsituation zuspitzt, ihre Überzeugung verfestigen und sich ihre Wahrnehmung fokussieren – oder umgekehrt, was auf das Gleiche hinausläuft.

Wahrnehmung und Überzeugung bedingen einander – wir sind überzeugt aufgrund einer bestimmten Wahrnehmung, und wir nehmen wahr aufgrund einer bestimmten Überzeugung. Im Akt der Wahrnehmung ist immer Interpretation mit enthalten. Besonders in der Krise verschmilzt beides zu einem »Kuddelmuddelprodukt«[9]. Wir interpretieren schon fast, noch bevor wir überhaupt wahrnehmen, und das hat zur Folge, dass wir den anderen bestimmte Absichten unterstellen. Wir laufen Gefahr, unserem Gegenüber einen zielgerichteten Willen zu unterstellen, den es möglicherweise überhaupt nicht hat. Handlungen der anderen werden sozusagen passend gemacht, damit wir das hineininterpretieren können, was wir interpretieren wollen. Wir nehmen das Ergebnis quasi vorweg, damit es zu unserer Überzeugung passt. Interpretationen können richtig sein – aber auch falsch! Bettinas Kuddelmuddelprodukt bestätigt ihr, dass so ziemlich alles im Argen liegt. Vom Ärger in der Bank wird auch ihr Privatleben in Mitleidenschaft gezogen.

Bettina sieht das Chaos in der Küche und folgert daraus, dass die Organisation im Haushalt bei ihr liegt. Die Familie hat sich vor dem Fernseher versammelt, während das Geschirr darauf wartet, von ihr abgewaschen zu werden. Nicht nur ist es ihre Zuständigkeit, das Abendessen zuzubereiten, sie stimmt die Mahlzeit überdies auf das Fußballspiel ab, damit Vater und Sohn ihrem Vergnügen nachgehen können. Von dem Wunsch der Tochter nach Aufmerksamkeit fühlt sie sich überfordert, sie setzt ihr eine Grenze, schickt sie weg, sorgt aber letztlich wieder dafür, das diese zufrieden ist. Die Freundin begreift Bettina als eine, die sie hindert, ihren Überzeugungen gerecht zu werden, weil diese ihr widerspricht. Statt sie zu unterstützen, erdreistet Anke sich sogar, ihr vorzuschlagen, doch mal ein bisschen kürzer zu treten. Sie weist Bettina auf ihren Gesundheitszustand hin und versucht, sie ins Grübeln zu bringen. Aber Bettina hält tapfer an ihrer Überzeugung fest: »Das ist nun mal so ... Ich kann doch nicht ...« Letztlich nimmt sie wahr, dass es Anke anscheinend an Verständnis mangelt, dass die Freundin zudem noch ärgerlich ist.

Ihren Ehemann nimmt Bettina so wahr, dass er sich fröhlich gibt. Er fragt zwar nach ihrem Tag, aber bei Bettina kommt an, dass er das nur halbherzig tut. Sie sieht sich als Opfer der Umstände, wird zunehmend handlungsunfähig und bekommt keine Zuwendung in der Form, die ihr das Gefühl geben würde, unterstützt zu werden. Wenn sie es recht bedenkt, ist sie von IgnorantInnen umgeben, und da soll sie keine Kopfschmerzen bekommen!

Am nächsten Morgen macht sich Bettina ein paar für sie eigentlich unerlaubte, ja, fast schon revolutionäre Gedanken. Aber kaum sind die Gedanken bewusst, lenkt sie ihre Wahrnehmung wieder auf die Erwartungen der KollegInnen, und schwupps, ist sie wieder im gewohnten Trott. Es kommt dann so, wie es kommen muss: Die Situation eskaliert, und auch hier erlaubt sich Bettina nicht, die Dinge beim Namen zu nennen. Sie behält ihre Gedanken für sich und überlegt, warum *sie* schuld ist. Im Kontakt mit den KollegInnen in der Abteilung verhält sie sich so zugeknöpft, dass jedes Miteinander zum Scheitern verurteilt ist. Die Abgrenzung, die sie den Vorgesetzten gegenüber nicht vornehmen konnte, bekommt nun Susi zu spüren. Bettinas Überzeugung geht mit ihrer Wahrnehmung eine weitere unselige Allianz ein: »Susi spricht mich an, sie will also etwas von mir«, und, Bettinas Interpretation nach, bestimmt nichts Gutes. Sie unterstellt Susi somit, dass diese sie aushorchen will, und alles, was Susi sagt, wird entsprechend interpretiert. Auch hier geht Bettina auf die Anregung, doch mal mit dem Betriebsrat zu sprechen, nicht ein.

Was wäre, wenn Bettina ihre Wahrnehmung in eine andere Richtung, oder besser noch, in andere Richtungen lenken würde? Wenn sie sich trauen würde, die »blinden Flecken« anzuschauen? Was könnte sie bemerken? Was gäbe es wahrzunehmen, außer dem, was sie wahrnimmt? Was ignoriert sie? Könnte es Bettina schaden, zu versuchen herauszubekommen, was ihre Freundin, ihr Mann, ihre Arbeitskollegin wirklich beabsichtigen, anstatt sich auf für sie feststehende Phantasien und Erwartungen zu verlassen? Was ist, wenn Susi wirklich interessiert, was Bettina in der obersten Etage erlebt hat, weil sie ihr helfen möchte? Dadurch, dass Bettina diese Phantasie nicht zulässt, vereitelt sie mögliche Hilfe. Das Fatale an ihrer Interpretation ist, dass sie nicht erfahren wird, ob sie damit richtig lag oder nicht, stattdessen findet sie in allem eine Bestätigung und richtet ihr weiteres Verhalten danach aus. Nach dem Muster der sich selbst erfüllenden Prophezeiung lenkt sie ihre Wahrnehmung immer wieder in die Richtung, die ihr bestätigt: »Die Kollegin will mich ja doch nur aushorchen.«

Paradoxerweise verhält sich Bettina gegenüber Herrn Bollmann, der ziemlich sicher nicht zu ihrem Besten handelt, anders. Hier ist sie abwartend, zurückhaltend, lässt ihm alle Möglichkeiten, das Heft in der Hand zu behalten. Sie deckt ihn sogar noch, als sie hinter seine unlauteren Machenschaften kommt. Sie handelt hier nicht gemäß ihrer Wahrnehmung: »Der hat doch bestimmt nichts Gutes im Sinn«. Die Überzeugung »Ich muss alle anderen zufrieden stellen« schließt auch Herrn Bollmann mit ein und versperrt ihr die Möglichkeit zu einem anderen Handeln. Also wird auch hier die Wahrnehmung »angepasst«, vermutlich so lange, bis Bettina an der Tatsache, dass das, was geschieht, auf ihre Kündigung hinauslaufen wird, nicht mehr vorbeisehen kann. Um wieder »mehr« zu sehen, um umfassender wahrzunehmen, braucht Bettina Zeit und Ruhe, also genau das, was sie sich nicht zugesteht.

Veränderungen geschehen in Wechselwirkung mit anderen, trotzdem müssen wir selbst den Anfang machen, und sei es, dass wir unsere Wahrnehmung erweitern und damit unsere Sicht auf die Dinge verändern. Ähnlich, wie das alternative Dornröschen die Dinge schlussendlich selber in die Hand nimmt:

> »Nach vielen Jahren langen Schlafes wacht Dornröschen eines Tages auf, doch niemand ist da, um sie zu erlösen. So schläft sie wieder ein. Jahre vergehen, und Dornröschen wacht erneut auf. Sie wendet ihren Blick nach links, nach rechts, nach oben und unten, doch wiederum ist keiner da, weder ein Prinz noch ein Gärtner, um sie zu retten. Und so schläft sie weiter. Schließlich wacht sie zum dritten Mal auf. Sie öffnet ihre schönen Augen und sieht abermals niemanden. Da sagt sie zu sich selbst: ›Jetzt reicht's!‹, steht auf und ist erlöst.«[10]
>
> (Norbert Mayer)

Mögen die Veränderungen bei Bettina zunächst auch minimal sein, auf Dauer können sich größere Wandlungen ergeben. Statt auf das große Wunder zu warten, kann Bettina kleine Veränderungen anstreben, beginnend damit, ihr Augenmerk auf mögliche positive Absichten ihrer Umgebung zu richten. Stellen diese sich doch nicht als positiv heraus, ist sie nicht schlimmer dran als vorher, als sie nur das Schlechteste vermutete.

Wahrnehmung will trainiert werden. Ist sie in einer Krise eingeschränkt, gilt es, sie sich wieder zugänglich zu machen, sich empfänglich zu machen für *alles,* was geschieht, und sich nicht zu beschränken, um mit Wahrnehmungen, die alle in die gleiche Richtung zielen, die Lieblingsüberzeugung bedienen zu können. Wer mehr sieht, hat auch mehr Auswahl, kann sich seine Wirklichkeit aus viel mehr Faktoren zusammensetzen, um das Sinnvollste für die jeweilige Situation herauszufiltern.

Bettinas Konfliktverhalten: Erst mal abwarten, bloss nichts verändern

Bettina verhält sich so, wie es für sie am naheliegendsten ist, abwartend und unbestimmt. Sich an ihre Überzeugungen klammernd, versucht sie, sich »durchzulavieren«. Mit ihrem Konfliktverhalten trägt sie in gewisser Weise sogar zu einer eskalierenden Entwicklung bei. Sie möchte es allen »irgendwie« recht machen und gerät dabei immer mehr unter Druck. Dadurch bleibt es auch nicht bei einem zentralen Konflikt, denn er weitet sich aus, vergleichbar mit einem Waldbrand, der zunächst nur einen Herd hat, sich dann aber auf die Umgebung ausbreitet und zur Feuerwalze wird. Bettina weiß nicht mehr so recht, wo sie mit dem Löschen überhaupt anfangen soll. Sie hält den Wasserschlauch hier ein bisschen und da ein bisschen hin, und die Flammen werden wohl auch kleiner, wenn sie den Wasserstrahl direkt darauf hält, aber kaum, dass sie ihnen den Rücken zugedreht hat, lodern sie um so mächtiger wieder auf. Sie hat sich ja schließlich auch noch um die anderen Brandherde zu kümmern. Da mit dieser Strategie das Feuer nie wirklich gelöscht werden kann, kommt sie irgendwann an den Rand der psychischen und auch physischen Erschöpfung, fühlt sich von einer Katastrophe zur nächsten getrieben, merkt immer wieder, nicht wirklich Meisterin der Lage zu sein: »Da kann man nichts machen, ihr seht ja selbst, ich mache und tue, aber es hört einfach nicht auf ... Ich bin ein Opfer der Umstände.«

Bettina macht und tut, das ist nicht zu leugnen, allerdings nach dem Rezept: »Immer mehr vom Gleichen«. Und je weniger es nützt, desto mehr Energie gibt sie hinein. Sie verfängt sich in dem Programm: »Ich habe keine Wahl«. Der Preis ist hoch, die

Selbstbestimmung und der Selbstrespekt bleiben auf der Strecke. Bettina seufzt unter der Last der Pflichterfüllung, sie versucht, sich den Umständen anzupassen – genau die Strategie, die bei Mobbing keine Chance hat. Aufgrund ihrer Überzeugung, die ihr von ihrer Wahrnehmung auch immer wieder bestätigt wird, verhält sie sich so, wie sie sich immer verhalten hat: »Wenn ich mein Umfeld zufrieden stelle, werden sie schon Ruhe geben, die müssen doch merken, dass ich mir die allergrößte Mühe gebe.« Ihr eigenes Verhalten ist für Bettina nur folgerichtig, und die Mobbingsituation erlebt sie als etwas, das ihr vom Schicksal auferlegt wurde. Sie glaubt, wenn etwas ungerecht ist, müssen die anderen sich ändern, nicht sie. (Das Feuer hat gefälligst sich selbst zu löschen, wieso brennt es überhaupt? Sie hat es doch schließlich nicht entfacht.)

Für Bettina wird Pflicht zur Ausrede, weil ihr somit erspart bleibt, ihre Überzeugungen zu hinterfragen, ihre Wahrnehmung zu überprüfen und ihre Ziele in Anbetracht der Lage neu zu definieren. Das könnte nämlich bedeuten, unangenehme Entscheidungen treffen zu müssen. Da erscheint es Bettina leichter, sagen zu können: »Meine Pflicht erlaubt es mir nicht ...«. Und sie glaubt, aus dieser selbstauferlegten Pflicht (»Ich mache das, was von mir erwartet wird«), das Recht ableiten zu können, gerecht behandelt zu werden, sodass irgend jemand (wer soll das sein?) dem Geschehen Einhalt gebieten wird. Außerdem kann sie mit ihrem Verhalten andere moralisch erpressen.

Dem Konflikt mit Herrn Bollmann stellt sich Bettina nicht. Sie versucht, für sich seine Anschuldigungen zu widerlegen, geht den Dingen aber nicht auf den Grund, forscht nicht nach den Ursachen und kann demzufolge auch ihre eigenen Interessen nicht berücksichtigen, weil sie sie gar nicht kennt. Er agiert, sie reagiert, dadurch weitet sich der Konflikt aus und wird nach den Regeln von Herrn Bollmann ausgetragen. Das einzige Mittel, das Bettina zur Verfügung steht, nämlich der Glaube an die ihr zustehende Gerechtigkeit, greift nicht, und so kann sie nur hilflos zuschauen, wie in der Bank auch Herr Marckendorff sich den Ansichten ihres Vorgesetzten anschließt. Sie überlässt Herrn

Bollmann die Regie, er schreibt das Drehbuch, sie nimmt darin die ihr zugewiesene Rolle ein. Die Fehlschläge, die sie dabei erlebt, führen nun aber keineswegs zur Ernüchterung und zu einer Neuorientierung in ihrem Konfliktverhalten, sondern zur Desillusion. Bettina entwickelt Misstrauen, das sie pauschal (sie würde sagen: »aus Sicherheitsgründen«), den KollegInnen entgegenbringt. Damit beraubt sie sich noch zusätzlich der Möglichkeit, »MitspielerInnen« in der Mobbinginszenierung für sich zu gewinnen. Sie bewegt sich in einem Hamsterrad, wobei das Motto heißt: Nicht aussteigen, sondern schneller laufen.

So außer Atem geraten, bleibt nicht mehr viel Luft für Familie und Privates, und es ist eine Frage der Zeit, wann der Brand auch auf diesen Bereich übergreift. Wann die Freundin genug hat von dieser Art von Telefongesprächen, die Kinder sich nicht mehr einfach wegschicken lassen, und der Ehemann sich nicht von Fußball ablenken lässt. Es ist die Angst vor dem Unbekannten, die Bettina davon abhält, Veränderungen zu riskieren. Sie ist vor lauter Angst wie hypnotisiert, und je länger sie Angst hat und je größer diese wird, desto stärker wird die hypnotische Wirkung von Mobbing. Man möchte Bettina zurufen: »Nun mach' doch mal ...«, aber für sie ist so ziemlich alles leichter als das. Soll sie etwa ihre Überzeugung hinterfragen, die ihr schon jahrzehntelang Sicherheit gibt, und mit der sie doch bisher gute Erfahrungen gemacht hat? Über den Tellerrand hinausschauen? Da sieht sie womöglich etwas, dass ihr Weltbild ins Wanken bringen könnte, und die Verunsicherung wäre noch größer. Soll sie sich die Frage der Zielsetzung ihres Verhaltens stellen? Das ergibt sich doch wohl von allein: »Alles soll so bleiben, wie es vor einem halben Jahr war.« Genau da liegt das Problem: Die Situation hat sich verändert und verlangt von Bettina ebenfalls Veränderung. Verweigert sie sich dieser Einsicht, wird sie Schiffbruch erleiden.

Für Veränderung ist Selbstvertrauen nötig, für große Veränderungen viel Selbstvertrauen, für kleinere nicht ganz so viel. Die Verhaltensebene wäre eine Ebene, an der Bettina anfangen könnte, ein ganz klein wenig »herumzubasteln«, indem sie kaum wahrnehmbare Details verändert. Das hat dann zwar keine gravierenden Auswirkungen auf den Mobbingprozess, macht aber auch nicht so viel Angst. Mit kleinen Veränderungen kann Bettina ihr Selbstvertrauen wieder aufbauen, um dann »Größeres« in Angriff nehmen zu können. »Fang mit dem Notwendigen an, dann tu das Mögliche – und siehe: Plötzlich kannst du Unmögliches«, sagte Franz von Assisi.

Es geht zunächst darum, dass Bettina sich die Chance gibt zu merken, dass die Welt nicht untergeht, wenn sie mal etwas anderes tut als das, wovon sie glaubt, dass es von ihr erwartet wird. Beispielsweise könnte sie sich, wenn sie zum Chef gerufen wird, so viel Zeit nehmen, wie sie braucht, um nicht außer Atem anzukommen. Und was würde es schaden, dem Chef zu sagen, dass sie seine Ansichten nicht teilt? Dazu das Beispiel einer Mobbingbetroffenen: »Ich dachte, es kann nicht schlimmer werden: der Gedanke, es ist schon alles absolut versiebt, und egal, was ich jetzt sage, noch mehr versieben geht gar nicht. Deswegen kann ich nun auch mal dazu sagen, was ich meine ...«[11]

Bettina könnte ihre Kollegin Susi nach deren Erfahrungen mit dem Betriebsrat fragen, ohne ihr gleich ihr Herz ausschütten zu müssen. Auch oder vielleicht gerade unverbindliches Erzählen kann eine Vertrauensbasis schaffen, um in schwierigen Situationen auf die KollegInnen zurückgreifen zu können.

Was könnte passieren, wenn sich Bettina eine kurze Auszeit nehmen würde? Wenn sie ohnehin glaubt, dass alle gegen sie sind, was könnte das dann noch zum Schlimmeren verändern? Auch der Theaterbesuch mit ihrer Freundin würde höchstens für eine Ablenkung sorgen, aber wohl kaum zu einer Kündigung führen. Übermäßige Anpassung an ein Szenario, das andere gestalten, bringt Bettina jedenfalls nicht weiter.

Hoffen wir, dass Bettina es schafft, Veränderungen bei sich zuzulassen, bevor sie »zwangsweise« verändern muss, weil ihre Kraft nicht mehr reicht.

Bettinas Ziel: Die Arbeitsstelle behalten, koste es, was es wolle

Bettinas Ziel ergibt sich aus ihrer Überzeugung, andere zufrieden stellen zu müssen. Sie verfolgt es hartnäckig, ungeachtet der Tatsache, dass sich die Umstände verändert haben. Es ist geradeso, als nähme man sich abends nach einem sonnigen, warmen Tag vor, den kommenden Tag im Freibad zu verbringen, um dann am nächsten Morgen, ungeachtet der Tatsache, dass die Temperatur auf fünfzehn Grad gefallen ist und es Bindfäden regnet, mit Bikini und Sonnenschutzmittel loszuziehen, und sich dann zu wundern, dass es so nass und kalt ist.

Mal angenommen, Bettina will ihren Arbeitsplatz behalten, dann wäre es für sie wichtig zu erkennen, dass ihr »Weiter so!«-Verhalten genau zum gegenteiligen Ergebnis führt, nämlich zum Verlust des Arbeitsplatzes. Das ist schließlich das Ziel von Mobbing, personifiziert durch Herrn Bollmann. Falls sie also bei der Bank bleiben möchte, wäre es notwendig, durch ihr Verhalten sein Ziel nicht noch zu unterstützen, sondern sich zu überlegen, auf welchem Weg sie *ihr eigenes* Ziel erreichen kann. Wir können also nicht sagen, dass ihr Ziel, den Arbeitsplatz zu behalten, nicht angemessen wäre, aber wir können sagen, dass der Weg, den sie eingeschlagen hat, nicht zum gewünschten Ergebnis führen wird.

Ginge Bettina noch einen Schritt zurück, könnte sie sich fragen: »Will ich überhaupt hier bleiben?« Sie muss ja nicht automatisch in der Bank bleiben wollen, nur weil es jemanden gibt, der das offensichtlich nicht will. Gäbe sie sich die Chance, alle zumindest denkbaren Optionen anzuschauen, würde sie vielleicht eine für sie attraktivere Möglichkeit entdecken und sich für diese entscheiden können. Vielleicht wäre es möglich, sich bei einer anderen Filiale zu bewerben. Vielleicht kann sie sich aber eher vorstellen, statt unter diesen Stressbedingungen vorübergehend gar nicht zu arbeiten. Wie auch immer, was nun ansteht, ist »innehalten« und zu überlegen »Wie soll es *jetzt* weitergehen?«, um sich neu zu orientieren. Damit würde sich Bettina aus ihrem Muster herausbewegen.

Mobbing ist ein Prozess, der Menschen unter Druck setzt und dazu verleitet, diesen Druck anzunehmen und in eine Form von Aktivität umzusetzen, die oft an »blinden Aktionismus« grenzt. Wie denn nun? Aktivität oder Innehalten? Das scheint ein Widerspruch zu sein. Aber: Das Aktivwerden soll sich eben nicht auf das von anderen vorgegebene Ziel beziehen, sondern meint, sich eigene Ziele zu wählen und zu schauen, ob es eine Überzeugung gibt, die uns dorthin bringt. Es bedeutet, die Wahrnehmung zu erweitern und unser Konfliktverhalten so zu gestalten, dass wir damit unser Ziel erreichen. Innehalten bedeutet, sich genügend Zeit für diesen Prozess zu nehmen.

Persönliche Erfahrungen

»Ich war der Typ, der immer durchhalten will, und hab' gedacht, ich schaff' das. Es musste erst sehr viel passieren, damit ich aufgewacht bin. Es war eigentlich der Tag, an dem ich vor dem Haus einen Unfall erlitt und hinfiel, als ob mir einer die Beine weghaut. Da hab' ich mir gesagt: ›Was muss denn nun noch passieren?‹«

Marianne G., 42 Jahre, Angestellte im Theaterbereich

»Ich war wegen den Rückenschmerzen dreimal in der Woche in Behandlung, sehr viel Migräne gehabt hab' ich in der Zeit. (...) Was ich noch gut erinnere, ist, dass ich ein unglaublich schlechtes Gewissen hatte, es war alles sehr moralisch irgendwie, dass ich nicht arbeiten gehe, dass ich meine Kollegin im Stich lasse. (...) Und was noch dazu kam, war die Angst davor, dass ich arbeitslos werde.«

Siba P., 38 Jahre, Sozialpädagogin

»Also, ich stand richtig in der Box, es ging nicht vor und nicht zurück (...), und ich habe auch meine Ausstrahlung verloren – das was mich ausmacht, irgendwie ein Strahlen ... eigentlich

habe ich sonst gute Laune und bin auch ein freundlicher Mensch –und das alles war weg, ich hab' mich selbst nicht mehr wiedererkannt.«

Daniela O., 48 Jahre, Chefsekretärin

»Ich hab's erst ja auch gar nicht begriffen, wie systematisch die ganze Geschichte war (...). Ich war die ganze Zeit damit befasst: ›Wie soll ich mich in Gottes Namen jetzt wieder morgen verhalten, was kommen da alles wieder für fiese Sachen?‹«

Ada E., 33 Jahre,
Mitarbeiterin im Bereich Öffentlichkeitsarbeit

»Früher habe ich mich zurückgezogen. Da war ich so gekränkt, dass ich nicht mehr sprechen konnte, dass ich sprachlos wurde, dass ich mich dann zurückgezogen habe (...). Entweder war ich dann zum Abschuss freigegeben: Die ist ja so gekränkt, die können wir jetzt ganz niederknüppeln. Oder, es war so ein völliges Unverständnis: Mein Gott, ist <u>die</u> empfindlich.«

Marie S., 45 Jahre, Sekretärin

»Ich war beim Arzt, und der wollte mich krankschreiben, und ich habe die Krankschreibung weggeschmissen, weil ich dachte: ›Nee, ich strenge mich an, ich zeig's denen, ich kann das.‹ Und ich bin weiter hingegangen.«

Lisa M., 38 Jahre, Angestellte in der Filmbranche

»Irgendwie habe ich mich so zurückgezogen, ich wollte dann auch gar keinen mehr sehen und hören. Und das ist das Falscheste, was man machen kann, glaube ich. (...) Ich hab' mich in dieser Opferrolle selber bedauert. Jetzt, mit dem Blick auf das letzte halbe Jahr denke ich: ›Holla, da habe ich nicht aufgepasst.‹ Ich habe einfach gelernt: Ich muss viel deutlicher das, was ich will, zum Ausdruck bringen.«

Susanne R., 52 Jahre, Lektorin

»Mir ging's so, dass diese Berufssituation auf mein ganzes Leben ausgestrahlt hat. Ich konnte nicht mehr abschalten, ich konnte nicht mehr rausgehen und sagen, ›das lasse ich jetzt hinter mir‹, und meine Freizeit genießen. Ich hab' mich einfach irgendwie so richtig als Verliererin gefühlt. Auch mein ganzes Selbstbewusstsein war weg (...) und ich hab' auch gemerkt, dass ich alleine da nicht mehr rauskomme. (...) Für mich war es immer so dieses Pflichtdenken: ›Ich muss zur Arbeit.‹ Das hab' ich nie infrage gestellt, das war irgendwie klar: ›Ja, wenn man Arbeit hat, muss man dahin, egal, was X (der Mobber) macht.‹«

Gabi B., 43 Jahre, Architektin

KAPITEL 4
Waltraud Wende

WALTRAUD ERGREIFT DIE INITIATIVE

»›Fit-im-Alter e.V.‹, Wende, guten Tag.«

»Hallo Mutsch, wie geht's dir heute?«

»Ach, ich hab' ziemlich viel Stress. Was willst du denn?«

»Ich wollte dich fragen, ob du morgen Abend vielleicht auf Paul aufpassen kannst, ich müsste mich mit Karoline und Katja treffen, um das Referat zu besprechen.«

»Ist in Ordnung, ich bin dann morgen Abend da.«

»Ich ruf' dich morgen noch mal im Verein an.«

»Nee, lass mal, Monika, falls was dazwischen kommen sollte, melde ich mich auf deinem Handy.«

Am nächsten Abend findet Monika bei ihrer Heimkehr ihre Mutter und den kleinen Paul einträchtig auf dem Sofa schlafend vor dem Fernseher. Nachdem sie ihren Sohn ins Bett gebracht und einen Tee aufgebrüht hat, weckt sie ihre Mutter.

»Was ist denn mir dir los? Du bist doch sonst so eine Nachteule?«

»Ach, ich weiß auch nicht, in letzter Zeit bin ich abends ziemlich geschafft. Die neue Stelle ist wohl doch nicht so das, was ich gedacht habe.«

»Aber du warst doch zu Beginn so begeistert?«

»Ja, die Arbeit an sich gefällt mir sehr gut, mit den alten Leutchen komme ich gut aus, aber die Büroarbeiten wachsen mir langsam über den Kopf. Ich habe das Gefühl, außer mir kümmert sich zum Beispiel keiner darum, dass in zwei Wochen die Finanzierungsanträge abgegeben werden müssen. Ich find's ja auch wichtig, die alten Leute zu mobilisieren, aber wenn der Geldhahn zugedreht wird, dann war's das. Ich versteh' nicht, wie die Leiterin da so ruhig bleiben kann. Eigentlich müsste *sie* doch den Kolleginnen auf die Füße treten. Stattdessen schiebt sie mich vor, und ich krieg' dann die Quittung. Gestern hat doch tatsächlich die eine Kollegin gemeint, ohne mich wäre alles viel besser gelaufen – ich würde so richtig Stress reinbringen.«

»Hast du denn erwartet, dass sie dir dankbar sind?«

»Was heißt ›dankbar‹,« erwidert Waltraud, »aber wenigstens kollegial könnten sie sein. Mir ständig Steine in den Weg legen und dann noch erwarten, dass ich ihre Arbeit mitmache, während sie ihr sozialtherapeutisches Konzept verwirklichen, das kann's doch nun wirklich nicht sein!«

»Was für Steine meinst du denn?« fragt Monika.

»Na ja, ich weiß auch nicht, ob es zum Beispiel Zufall war, dass ich in der vergangenen Woche den Entwicklungsbericht einer meiner Klientinnen in einem Ordner wiedergefunden habe, wo ich ihn ganz bestimmt nicht abgeheftet habe. Oder dass ich die Kaffeemaschine anmache, und als ich nach einer Viertelstunde wiederkomme, ist sie plötzlich aus, und von Kaffee keine Spur.«

»Na, Mutsch, in deinem Alter kann man das eine oder andere auch schon mal vergessen ...«, neckt sie ihre Tochter.

»Ja gut, aber was am letzten Freitag passiert ist, das lässt sich wohl kaum mit Schusseligkeit erklären. Da wurde ich zur Leiterin zitiert, die mir dann eröffnet hat, sie hätte vom Team gehört, dass es Beschwerden von Klienten gäbe, ich würde immer so unfreundlich sein. Ich habe sie gefragt, wer das behauptet hätte, aber das wollte sie mir nicht sagen. Sie meinte nur, ich solle mir mehr Mühe geben. Alles in allem habe ich den Eindruck, da ist was im Gange, aber ich weiß nicht, warum eigentlich.«

»Gibt's denn da eine, die die anderen aufstachelt?«

»Ich weiß nicht, aber bei der Barbara hatte ich von Anfang an den Eindruck, dass sie mir gegenüber voreingenommen ist.«

»Und warum?«

»Ich weiß auch nicht genau, aber sie ist mir gegenüber sehr aggressiv, sie ist partout immer gegen das, was ich vorschlage, wenn ich ›hüh‹ sage, sagt sie garantiert ›hott‹ oder fährt mir in den Teamsitzungen über den Mund und erklärt den anderen, dass das großer Blödsinn sei, was ich erzähle. Immer findet sie etwas, womit sie mich triezen kann. Neulich meinte sie, ›Wir sind doch hier nicht auf einer Modenschau‹, als ich mein graues Kostüm anhatte. Sie selbst läuft eher im Schlabberlook herum.«

»Ach du meine Güte, und das lässt du dir gefallen?«

»Was soll ich denn machen? Ich hab' ja keine Unterstützung. Die anderen halten sich bedeckt oder kichern mit ihr hinter meinem Rücken. Ich traue mich dadurch schon gar nicht mehr, mich zu den anderen in den Pausenraum zu setzen.«

»Aber so kann's doch nicht weitergehen. Ich denke, du musst was unternehmen.«

»In einer Woche hab' ich ja Urlaub, da werde ich mir das alles mal durch den Kopf gehen lassen.«

Waltraud hat sich in eine Pension an der Ostsee einquartiert. Sie genießt das schöne Wetter und die langen Strandspaziergänge, und die Versuchung ist groß, Arbeit Arbeit sein zu lassen. Dennoch nimmt sich Waltraud Zeit, um sich mit dem unerquicklichen Thema »Konflikt am Arbeitsplatz« zu befassen. Waltraud weiß aus Erfahrung, dass Konflikte nicht von allein verschwinden, im Gegenteil, sie haben die Tendenz, sich auszuweiten und zu verschärfen, wenn man sich ihnen nicht stellt. Ihr wird außerdem klar, dass es mit Reaktionen ihrerseits auf die Aktionen von Barbara nicht getan ist, dass sie dadurch in dem ewigen Kreislauf »Aktion – Gegenreaktion« gefangen bleibt. Damit würde sie den Part der Reagierenden dauerhaft übernehmen, also stellt sie sich zunächst die Frage: »Wie drehe ich den Spieß um? Wie komme *ich* in die Rolle der Agierenden?«

Sie kommt zu dem Schluss: »Ich brauche einen eigenen Plan und muss mir erst mal die Frage beantworten, ob ich überhaupt an der Stelle festhalten will.« Waltraud erkennt, dass sie nichts zu verlieren hat. Sie gestaltet ihren Plan mit dem Ziel, eine Konfliktlösung anzustreben im Sinne von »Ich möchte dort weiterarbeiten im Einvernehmen mit Leiterin und Kolleginnen.« Ihre Handlungsschritte zielen also auf Kooperation. »Wie kann das gehen?«, überlegt sie. Erst einmal sollte sie vielleicht nicht alle Kolleginnen pauschal als Komplizinnen von Barbara sehen. Sie macht sich klar, dass es sinnvoll ist, auch darüber nachzudenken, was Barbara eigentlich will; womöglich gibt es sogar gemeinsame Interessen, die sich unter einen Hut bringen ließen. Was also konkret tun, um auszuloten, was möglich ist? Waltraud nimmt sich vor, die Kolleginnen anzusprechen, nicht allein und isoliert zu bleiben mit ihrer Wahrnehmung, zu schauen, ob es auch Gemeinsames gibt. Sie will auch mit der Leiterin über ihre Arbeit und ihre Zusammenarbeit im Team reden. Was wird von ihr erwartet, wie lässt sich das umsetzen, stimmen ihre Vorstellungen von der Projektarbeit mit denen der anderen überein? Wenn die Leiterin sie abblockt und ihr zu verstehen gibt, dass sie bei »Fit im Alter e.V.« überflüssig sei, kann sie ihren Plan auf »Konfrontation« umstellen.

Wieder zurück am Arbeitsplatz, ergibt sich mit Christa, einer Kollegin, ein Gespräch, in dem sich herausstellt, dass beide aus der gleichen Kleinstadt stammen, ja sogar gemeinsame Erinnerungen an die Schulzeit haben. Waltraud merkt, dass sie sich nach diesem Gespräch besser und auch ein wenig ungezwungener fühlt; dadurch verändert sich allmählich auch die Basis der Zusammenarbeit. Christa entwickelt Verständnis für Waltrauds Dilemma, mit der Verwaltungsarbeit bei den anderen auf Desinteresse zu stoßen, und vertraut ihr an, dass sie glaube, Barbaras Feindseligkeit ihr gegenüber würde sich aus Neid speisen. »Weißt du eigentlich, dass Barbara eine Quereinsteigerin ist und längst nicht so fit in Finanzierungsfragen wie du? Sie hat sich aber im Laufe der Zeit durch ihren Einsatz eine Position erarbeitet, die sie nun durch dich gefährdet sieht. Wahrscheinlich hat sie schlicht und einfach Angst, dass du ihr auf Dauer das Wasser abgräbst.«

Waltraud wird nachdenklich, sie stellt sich in die Schuhe von Barbara und kommt zu der doch recht erstaunlichen Erkenntnis, dass sie an Barbaras Stelle auch zumindest große Vorbehalte gegenüber einer hätte, die immerzu auf einem Thema rumhackt, das zu den eigenen Schwächen gehört.

Mit all diesen Erkenntnissen im Hinterkopf versucht sie nun in ihrem Gespräch mit Frau Schmidt, der Leiterin, herauszustellen, dass es für alle letztendlich ein gemeinsames Ziel gibt: Alle wollen, dass die Einrichtung weiterfinanziert wird, und alle wollen, dass die alten Menschen sich in dieser Einrichtung wohl fühlen. Beide Interessen, das an den Finanzen und das an der Sozialarbeit, sind zwei Seiten ein und derselben Medaille. Frau Schmidt sagt Waltraud zu, in diesem Sinne mit Barbara ein Gespräch zu führen, in dem es nicht um Vorwürfe und Schuldzuweisungen gehen soll, sondern um einen Ausgleich dieser Interessen. Wenn Barbara dann zusagen sollte, mit an diesem gemeinsamen Strang zu ziehen und sich bereit zeigt, ihre unfairen Angriffe gegen Waltraud zu unterlassen, will sie eine Schlichtung zwischen beiden einleiten. Diese Initiative gibt Waltraud das Gefühl, alles in ihrem Einflussbereich Mögliche getan zu haben, um den Dingen eine Wende zu geben. Nun wird frau ja sehen ...

Waltrauds Tochter ist doch ein bisschen überrascht, dass ihre Mutter so geradlinig (so kommt es ihr zumindest vor) ihren Weg geht. »Woher hast du bloß den Mut genommen?«, will sie wissen.

»Na ja, weißt du, mir ist klar geworden, dass durch Abwarten nichts gewonnen ist, im Gegenteil, ich kam mir vor, als wenn ich drauf warte, dass die Falle zuschnappt. So gehe ich zwar ein Risiko ein, aber ich kann gewinnen. Lasse ich den Dingen ihren Lauf, verliere ich in jedem Fall. In Ruhe drüber nachdenken, alles abwägen, das hat mir klar gemacht, dass die Reihe an mir ist, Stellung zu beziehen.«

Waltrauds Überzeugung: Meine Interessen sind ebenso wichtig wie die der anderen

Waltraud Wende versteht die Welt nicht mehr. Sie hat eine neue Arbeit, die ihr gefällt, sie nimmt den Kolleginnen unliebsame Arbeit ab, und was passiert? Die zeigen sich nicht etwa kollegial, sondern ganz im Gegenteil, sie halsen ihr noch mehr Arbeit auf und legen ihr zudem noch »Steine in den Weg«, wie Waltraud es bezeichnet. Aus ihrer Sicht tut sie etwas absolut Notwendiges (sie kümmert sich um den Finanzierungsplan) und erntet dafür keine Akzeptanz, geschweige denn Anerkennung, sondern Häme, Gemeinheiten und Vorwürfe wegen angeblicher Fehler. Die positive Arbeitssituation verkehrt sich ins Gegenteil. Die Kolleginnen weisen Waltraud die Rolle derjenigen zu, die Stress macht, anstatt sie als Unterstützerin zu würdigen. Waltraud merkt, dass sie zunehmend angespannt ist, und dass sie mit der ihr zugewiesenen Rolle unzufrieden ist. Sie ist, so scheint es ihr, in einem Stück gelandet, in dem sie *so* nicht mitspielen will. Sie akzeptiert diesen Zustand nicht. Sie glaubt auch nicht, dass sich an ihrer Situation etwas zum Besseren verändern ließe, wenn sie versuchte, es allen recht zu machen. Die Interessen und Bedürfnisse der Kolleginnen bleiben in ihren Überlegungen zwar nicht unberücksichtigt, aber sie stehen gleichberechtigt neben ihren eigenen. Anders formuliert: Sie räumt sich ein Mitspracherecht ein, wenn es um ihre ureigenen Belange geht.

Ihre Überzeugung: »Ich analysiere meine Möglichkeiten und bin bereit, (nach gründlicher Abwägung) kalkulierbare Risiken einzugehen« führt Waltraud zu einer aktiven Auseinandersetzung mit ihrer Lage und zu einer Haltung, die ihr ein Eingreifen in die von anderen aufgestellten Spielregeln erlaubt.

»Phantasie ist wichtiger als Wissen«, behauptete schon Einstein. Nun kommt es darauf an, *welche* Phantasien frau hat, bzw. welche sie sich erlaubt, zu entwickeln. Waltraud hat keine einschränkende Überzeugung, sie erlaubt sich, in alle Richtungen zu denken, kann also auch darüber nachdenken, wie sich ihre Lage positiv verändern ließe. Sie könnte natürlich zu dem Schluss kommen, dass das an diesem Arbeitsplatz nicht möglich ist; die Konsequenzen, die sie daraus ziehen würde, kennen wir nicht. Aber sie glaubt, sicherlich auch gestützt durch die Tatsache, dass sie noch nicht allzu lange bei dem Verein ist, dass sich dort vielleicht etwas bewegen ließe. Nach der Standortbestimmung »Will ich dort etwas bewegen?« schließen sich logisch die Fragen »*Was* will ich bewegen?« und »*Wie* will ich das tun?« an. Waltraud wird zur Gestalterin.

Waltrauds entscheidender Erkenntnisgewinn ist, dass ihre Interessen und die Barbaras sich durchaus ergänzen und vielleicht sogar in einem gemeinsamen Ziel zusammenfinden könnten. Bisher schätzen beide ihre eigene Arbeit wichtiger ein als die der jeweils anderen. Wenn alle Aufgaben als gleich wichtig eingeschätzt würden, bräuchte Barbara die Verwaltungsaufgaben, die Waltraud in ihren Augen vertritt, nicht ständig abzuwerten. Unter diesen Voraussetzungen kann sich Waltraud eine Zusammenarbeit vorstellen. Aber kann Barbara das auch? Waltraud muss mehr darüber wissen und fängt an, Kontakt zu Kolleginnen aufzubauen. Warum sollte sie sich auch zurückziehen? Sie fragt sich, *warum* Barbara eine Gegnerinnenschaft aufbaut, und erfährt, dass Neid dahinter steckt. Anscheinend weiß Barbara sich nicht anders zu helfen, als sie zu attackieren. Das kann und will Waltraud nicht entschuldigen, sie glaubt noch nicht einmal, dass eine direkte Auseinandersetzung mit Barbara erfolgversprechend wäre. Also bezieht sie die Leiterin mit ein. Waltraud gelingt es, Frau Schmidt zu motivieren, in ihrem Sinne einzugreifen, und damit stehen die Chancen gut, die Situation zu verändern. Wodurch ihr das gelingt? Lassen Sie uns schauen, wie Winnie-der-Pu die Sache mit der Motivation versteht:

»›Was ist Moti... Motivi... oder so?‹, fragte Pu.
›Motivieren. Dabei geht es um den Grund, warum jemand etwas tun will. Wenn du (...) möchtest, dass jemand einen Job übernimmt oder dir dabei hilft, ein Ziel zu erreichen, musst du einen Grund finden, warum er oder sie dir dabei helfen sollte, und du musst ihm oder ihr diesen Grund auch mitteilen.‹
›Ich habe Christopher Robin von dem Honig erzählt.‹
›Da du wusstest, dass er Honig mag, hatte er somit einen Grund oder ein Motiv, dir dabei zu helfen, ihn zu bekommen. Er wusste, falls er dir half, hätte er auch etwas davon, wenn du dein Ziel erreichen würdest. Du hast ihn motiviert, dir zu helfen.‹«[12]

Welche Interessen von Frau Schmidt müsste Waltraud ansprechen, um sie zu motivieren? Wir wissen nicht im einzelnen, welche Frau Schmidts ureigene Interessen sind, aber wir können davon ausgehen, dass die rechtzeitige Abgabe des Finanzierungsplanes wohl dazugehört. Und kann Frau Schmidt nicht davon ausgehen, dass das auch ein Interesse von Barbara ist? (Denn sie kann ihr sozialpädagogisches Konzept ja nur verwirklichen, wenn die Finanzierung der Stellen gesichert ist.) Es gilt also, diese gemeinsamen Interessen in den Vordergrund zu stellen und über diese Motivation das Ziel »Schluss mit der Schikane« zu erreichen. Waltraud kann nach ihrem Gespräch mit der Leiterin einen »Etappensieg« verbuchen. Sie hat Frau Schmidt motiviert, nun wird sie sehen, mit welchem Ergebnis die weiteren Gespräche verlaufen.

Wir können uns vorstellen, dass Waltrauds Überzeugung für sie nicht in jedem Fall hilfreich ist. Beispielsweise, wenn schnelles Handeln erforderlich ist, wie bei Verkehrsunfällen etwa. Auch Mobbing vermittelt den Betroffenen oft den Eindruck, ganz schnell etwas tun zu müssen. Den Überlegungen »Was genau?« und vor allen Dingen »Wozu?« wird wenig Zeit eingeräumt. Zwar bekommt man auch so Resultate, aber eben auch nur *irgendein* Ergebnis infolge *irgendeines* Handelns. Warum ist das so? Seitens der MobberInnen wird ein enormer Druck ausgeübt, der zu schnellem, und damit unüberlegtem Handeln provoziert. Dieser Druck muss aber nicht angenommen werden. Letztendlich nützt er den MobberInnen, die dadurch ihre Ziele mit Unterstützung der Betroffenen noch schneller erreichen. Gegenwehr bedeutet, MobberInnen ein eigenes Ziel entgegenzusetzen, ihnen nicht den Gefallen zu tun, in ihrem Stück die zugewiesene Rolle einzunehmen, sondern sich selbst um die Dramaturgie und die eigene Rolle zu kümmern. Waltrauds Überzeugung erlaubt es ihr, die Geschehnisse mit einem gewissen Abstand zu betrachten; sie erlaubt sich, alles Denkbare zu denken. Dadurch landet sie nicht in einer Sackgasse, sondern auf einer mehrspurigen Allee. Das ist es, was Mut erfordert, wie ihre Tochter ein wenig überrascht feststellt. Nicht so sehr das

Handeln als solches ist mutig, sondern das Denken jenseits der vorgegebenen Spur.

Diese Art, mit Krisen umzugehen, bezieht sich natürlich nicht nur auf Mobbingsituationen und ist schon von Epiktet (50-125 n. Chr.) beschrieben worden:

> »Zuerst lass dich nicht durch die Vorstellung fortreißen, sondern sage zu dir selbst: ›Warte ein wenig auf mich, Vorstellung, ich möchte sehen, wer du bist, und worum es sich handelt; ich will dich erst prüfen!‹ Und dann lass sie nicht weiterschweifen und sich alles ausmalen, denn sonst reißt sie dich mit fort, wohin sie will. Vielmehr setze ihr eine andere, schöne und edle Vorstellung entgegen und treibe die schmutzige hinaus. Und wenn du dich daran gewöhnt hast, dich so zu üben, dann wirst du sehen, was für Arme du bekommst, was für Sehnen und was für eine Spannkraft.«[13]

Waltrauds Wahrnehmung: Die Dinge sind nicht immer so, wie sie scheinen

Waltraud Wendes Aufmerksamkeit richtet sich zunächst auf die ihr in den Weg gelegten Steine. Sie grübelt darüber nach, warum jemand die Kaffeemaschine ausgemacht hat, bemerkt, dass der Entwicklungsbericht nicht richtig abgeheftet ist. Sie sucht das Versäumnis *auch, aber nicht nur* bei sich. Spätestens, als sie von der Leiterin hört, dass es Beschwerden über sie gegeben hätte, ist sie sich sicher: »Hier liegt etwas im Argen!« Der Ärger im Verein hat Auswirkungen auf ihr Privatleben, sie mag sich von ihrer Tochter nicht mehr auf der Arbeit anrufen lassen, ist nach Feierabend erschöpft, kommt ins Grübeln. Aber: Aufgrund ihrer Überzeugung nehmen die Geschehnisse einen anderen Verlauf als bei Bettina Bleibtreu. Deren Überzeugung suggeriert ihr: »Weiter so – nur besser, ich muss mir halt mehr Mühe geben«, während Waltrauds Überzeugung ihr vorschlägt: »Jetzt wollen wir doch erst mal sehen – ich schaue mir die Sache in Ruhe an«. Sie weiß, dass die Ereignisse Konsequenzen haben werden, und die möchte sie nicht dem Lauf der Dinge (in Gestalt ihrer Kollegin Barbara) überlassen, sondern sie will sie aktiv mitgestalten. Ihre Wahrnehmung trifft auf ihre Überzeugung: »Es gibt was zu tun, packen wir's (in Ruhe) an!«. Und aufgrund dieser Überzeugung kann sie wahrnehmen, dass die Ereignisse durchaus auch anders betrachtet werden können.

Waltraud fällt es auch nicht leicht, hinzuschauen. Sie verfällt nicht gerade in Begeisterung, nach dem Motto »Konflikt, wo bist du? Ich kann's kaum abwarten, mich auseinander zu setzen!« Aber, wenn sie sieht, dass etwas nicht in Ordnung ist, handelt sie nach ihrer Überzeugung »Ich analysiere meine Möglichkeiten«. Sie bekommt dadurch Sicherheit, denn sie weiß, sie kann etwas tun. Ob es etwas nützt, steht auf einem ganz anderen Blatt. Was sie dann tut, beschert ihr neue Eindrücke. Dabei nimmt sie weder einen Misserfolg noch einen Erfolg vorweg, sie ist schließlich keine Hellseherin.

Waltraud wird nach gründlicher Abwägung aktiv. Sie geht auf eine Kollegin zu, und es ergibt sich eine Gemeinsamkeit (es könnte genauso gut auch die gemeinsame Begeisterung für Zierfische oder Bergwandern sein), die sie wahrscheinlich nicht entdeckt hätte, wenn sie bei ihrer Wahrnehmung »Die kichern doch hinter meinem Rücken« geblieben wäre. Sie macht den Anfang, und das ist das Entscheidende.

Was riskiert sie dabei? Sie könnte die Entdeckung machen, dass sich alle gegen sie verschworen haben. Aber dann wird sie mit diesem Ergebnis die Situation neu bewerten und andere Wege gehen.

Durch ihre Offenheit kann Waltraud auch die Situation aus der Sicht ihrer Widersacherin wahrnehmen und damit einschätzen. Verständnis für andere bedeutet nämlich nicht, eigene Interessen aufzugeben und am eigenen Handeln gehindert zu werden. Vielmehr werden eigene Interessen leichter durchsetzbar, weil sie - wie hier im Gespräch mit Frau Schmidt – berücksichtigt werden können. Die Leiterin kennt vermutlich Barbaras Interessen und ihre Motivation ziemlich genau, besser also, wenn Waltraud sie auch kennt, um ihre Gesprächsstrategie entsprechend aufbauen zu können. Mit dieser Haltung ermöglicht sie sich eine weitere Wahrnehmung: Frau Schmidt ist gar nicht so entschieden auf Barbaras Seite, wie es den Anschein hatte. Ob die Leiterin das, was sie zu tun beabsichtigt, auch soumsetzen kann, wissen wir nicht; aber das, was Waltraud dazutun konnte, hat sie getan. Sie differenziert. Statt zu sagen: »*Nichts* liegt in meiner Macht«, weiß sie: »Nicht alles, aber *einiges* liegt in meinem Einflussbereich«. Dadurch baut sie Selbstbewusstsein auf, wohingegen die Einstellung »Seht ihr, es bringt ja doch nichts, es wird alles nur schlimmer«, ihr Selbstbewusstsein vermindern würde. Waltraud erlebt sich als Handelnde statt als Opfer der Umstände. Das setzt Energien frei, geht über den Erhalt des Status quo hinaus – der bei Mobbing ohnehin nicht aufrechtzuerhalten ist – und zielt in Richtung »Wende«.

Vielleicht denken Sie jetzt: »Das ist doch nun aber so gar nicht frauentypisch. Analysieren, Handeln, und dann auch noch selbstbestimmt ....«

Wir möchten hier einen Unterschied machen: Es ist eine Sache, was Frauen nachgesagt wird, und eine andere, was Frauen tatsächlich tun. Dass Frauen dazu neigen abzuwarten, bis sie von anderen wahrgenommen werden und eine Chance bekommen (und wenn sie dann keine bekommen, haben sie auch keine), entspricht einer Vorstellung, die manchmal auch von Frauen selbst geschildert wird. Doch Frauen in Mobbingsituationen widerlegen diese Ansicht oft genug und beweisen, dass sie nicht darauf angewiesen sind, von anderen wahrgenommen zu werden, um dann aus der Krise »herausgeführt« zu werden. Frauen können sich durchaus als »selbstbewusst« wahrnehmen, oder in dieser Situation eine solche Wahrnehmung erlernen, um damit aus der ihnen zugedachten Opferrolle herauszutreten.

Waltrauds Konfliktverhalten: Ich bin selbst verantwortlich für mein Wohlergehen

Auch Waltraud verhält sich so, wie es ihr entspricht, erst abwartend und unschlüssig, dann aber aktiv und bestimmt. Sie trägt damit, soweit es in ihrem Einflussbereich liegt, zu einer deeskalierenden Entwicklung bei. Um bei dem Beispiel des Waldbrandes zu bleiben: Sie macht sich zielstrebig daran, den Brand*herd* zu löschen, und das relativ zeitig. Waltraud verhindert damit eine Ausbreitung des Feuers in die Umgebung und gerät so nicht in die Ausweglosigkeit, spürt keine lähmende Erschöpfung. Sie akzeptiert, dass sie sich um den Konflikt kümmern muss, auch wenn sie sich selbst nicht als Verursacherin sieht. Sie übernimmt selbst Verantwortung für ihr Wohlergehen und überlässt sie nicht den anderen. Das definiert sie als Aufgabe, als Pflicht sich selbst gegenüber.

Jede Konfliktsituation löst Gefühle aus; für die Konfliktbewältigung sind alle Komponenten wichtig. Mag sein, dass Waltraud von Gedanken heimgesucht wird, wie: »Mein Gott, sind die blöd!«, »Wie kann frau nur so uneinsichtig sein!?« – »Warum muss ausgerechnet ich in so einen Haufen hineingeraten?« Diese Gedanken (und auch Worte!) sind erlaubt, ja geradezu notwendig. Denken und Fühlen gehören zusammen. Das Gefühl zugunsten des Verstandes ausblenden zu wollen, würde zu einer destruktiven Konfliktbewältigung führen, weil sich beides nicht voneinander trennen lässt. Wenn Waltraud bereits in ihrem Inneren »trennend« mit dem Konflikt umgeht, kann sie auf der zwischenmenschlichen Ebene, auf der es ja ungleich schwieriger ist, alle Seiten anzuerkennen, kaum zu konstruktiven Lösungen kommen. Waltraud weiß, dass sowohl Denken als auch Fühlen notwendig sind, und sie gibt beidem Raum.

Dem Konflikt mit ihrer Kollegin Barbara stellt sich Waltraud aktiv. Aktiv im Sinne von »Ich bin dabei«. Sie akzeptiert, dass sie ein Teil dieses Konflikts ist. Aus diesem Bewusstsein heraus organisiert sie sich selbst, statt in Pseudoaktvitäten zu verfallen, oder sich in äußeren Interaktionen zu verlieren. Sie kann mit eigenen Vorstellungen, sozusagen mit eigenen »Spielregeln« ihren Platz im Geschehen einnehmen. Sie überlässt die Regie nicht länger der Kollegin, sondern versucht, ein eigenes Drehbuch zu schreiben und zu verwirklichen.

Es ist ein weitverbreiteter Irrtum zu glauben, dass, weil man selbst etwas nicht angezettelt hat, man damit auch der Verantwortung enthoben ist, sich Gedanken um mögliche Lösungen zu machen. Etwa nach dem Motto: »Sollen doch die sich darum kümmern, die das heraufbeschworen haben«. Erstens ist jede von dem Zeitpunkt an »dabei«, an dem sie realisiert, dass etwas im Argen liegt (mag ihr das auch noch so überflüssig und ärgerlich vorkommen), und zweitens führt das Ignorieren dieser Tatsache dazu, dass die eigenen Interessen auf der Strecke bleiben. Wenn wir warten, bis andere uns an die Hand nehmen, können wir unter Umständen sehr lange warten. Selbst wenn sich jemand finden sollte, geht es womöglich in eine Richtung, die uns gar nicht behagt.

Wenn wir uns noch einmal *Das Märchen von der Suche nach dem Königssohn* in Erinnerung rufen (S. 30) und auf Waltrauds Konfliktlösungsstrategie beziehen, dann wählt Waltraud den Weg der Diplomatie, um ihr Ziel zu erreichen. Sie versucht eine Konsenslösung, eine Lösung, bei der sich alle Beteiligten als Gewinnerinnen fühlen können. Doch diese Strategie muss nicht zwangsläufig zu dem angestrebten Ziel führen. Beispielsweise könnte Barbara »auf stur« schalten und meinen, ausschließlich ihre Sichtweise sei die maßgebliche, sodass ihr dafür die einhundertprozentige Zustimmung aller gebührt. Oder die Leiterin könnte in der Konfrontation mit Barbara in ihrem Verhalten unsicher werden und letztendlich doch Waltraud zum »Stressfaktor« erklären, den man besser loswerden sollte.

Doch auch, wenn die Dinge nicht so positiv laufen, hat Waltraud immerhin alles getan, um es nicht dahin kommen zu lassen. Die Frage, was sie als nächstes tun kann, lässt sich nur schematisch beantworten. Um im Märchen zu bleiben: Sie könnte das Pferd nehmen, um aus sicherem Abstand heraus ihre weitere Strategie zu überlegen, oder sie könnte zum Schwert greifen und kämpfen. Es wäre nicht ratsam, diese Strategien in umgekehrter Reihenfolge anzuwenden, beispielsweise erst anzugreifen und dann den Konsens zu suchen. Niemand würde mit Waltraud verhandeln wollen, nachdem sie »mit den Ketten ge-

rasselt« hat.
Auf eine Konsenslösung hinzuwirken ist unter Stressbedingungen nur schwer bis gar nicht möglich. In unserem Beispiel hat Waltraud Glück, dass sie gerade zur rechten Zeit Urlaub hat, doch es wäre auch ihre Verantwortung, dafür zu sorgen, einen Umstand herzustellen, der ihr eine Pause, einen Abstand zum Geschehen erlaubt, um die Dinge in Ruhe zu durchdenken. Auch wenn Waltraud nicht zufällig Urlaub hätte, wäre sie mitverantwortlich für den Verlauf, den der Konflikt nimmt. Etwas Neues hat nur dann eine Chance – eine »Wende« im Verlauf der Geschehnisse kann nur dann passieren, wenn wir *nicht* die Umstände (oder andere Menschen) für eine Situation verantwortlich machen und ihnen die Schuld zuweisen. Die Wende passiert ab dem Punkt, an dem Waltraud sich aktiv mit der Situation auseinandersetzt und bereit ist, ihren Beitrag zum Geschehen zu leisten. Damit setzt sie Ressourcen frei, die Veränderungen möglich machen.

> »Gewiss, man kann scheitern, und man kann das Scheitern fürchten. Aber wer nur das Scheitern fürchtet, scheitert sicherlich, denn er kommt nicht dazu, überhaupt auch nur irgendwas zu tun. Man kann sich verspekulieren, und man kann etwas falsch machen, das ist wahr; aber wer in seinem Leben nur alles richtig machen will, macht niemals etwas richtig, und wer grundsätzlich sich davor schützen möchte, dass ihm am Ende eine Chance entgeht oder er auf das falsche Pferd gesetzt hat, wird nie zu einem Gewinn kommen.«[14]

Waltrauds Ziel: Die Arbeitsstelle behalten, aber nicht um jeden Preis

In der alltäglichen beruflichen Hektik an ihrem Arbeitsplatz ist sich Waltraud gar nicht so klar darüber, was sie eigentlich genau will. Erst der Abstand, den sie sich durch ihren Kurzurlaub verschafft hat, versetzt sie in die Lage, sich mit ihren zunächst noch von Ärger, Irritationen und Unverständnis geprägten Gefühlen und diffusen eigenen Wünschen auseinander zu setzen.

Einen Kurzurlaub dazu nutzen zu können, ist natürlich toll – aber nicht zwingend notwendig. Wichtig ist es vielmehr, einen Moment lang innezuhalten, sich bewusst eine Auszeit zu erlauben, um den eigenen Bedürfnissen und Wünschen näher zu kommen. Das hat Waltraud getan.

Waltraud hat vor einiger Zeit ihre Stelle gewechselt und bei »Fit im Alter« angefangen, weil sie eine neue Herausforderung suchte, und der Verein ihr genau die Art von Aufgabe bot, die sie schon länger suchte. Die neue Arbeit begeisterte sie anfangs, doch im Laufe der Zeit schlich sich Unbehagen ein. Die Begeisterung schwand, und der Frust nahm zu, bis ein Punkt erreicht war, an dem Waltraud sich sagte, dass es so nicht mehr weitergehen kann. Eher noch intuitiv setzte sie sich ein erstes Ziel: »Schluss mit der Schikane! Mein Wohlbefinden und meine Gesundheit sind mir wichtig.«

Sie hält sich nicht lange damit auf, darüber nachzugrübeln, wie schlimm das alles für sie ist, und was sie alles *nicht* will, denn solche Gedanken führen in eine Sackgasse, weil sie sich ja immer wieder um den Status quo drehen – was eher dazu beiträgt, am Bestehenden festzuhalten. Stattdessen macht sie sich konkret daran, darüber nachzudenken, *was* genau sie will, und was *anders werden soll.*

Zunächst macht Waltraud sich Gedanken darüber, ob ihr überhaupt so viel an ihrer jetzigen Arbeitsstelle liegt, dass sie sich vorstellen kann, dort weiterhin zu bleiben und vor allem Zeit und Energie in die Lösung des Konflikts zu stecken. Diese Frage hat Waltraud schnell beantwortet. Sie hatte ja gute Gründe, sich vor einiger Zeit um die Stelle zu bewerben. Warum sollte sie nun, wo es schwierig wird, gleich die Flinte ins Korn werfen? Das widerspricht auch ihrer Lebenserfahrung. Ihr fallen einige Situationen in ihrem Leben ein, die auch nicht einfach waren, und die sie trotzdem gemeistert hat. Waltraud erinnert sich: Was ihr immer geholfen hat, war, sich Klarheit über ihre Wünsche zu verschaffen, zu diesen zu stehen, und den Mut zu haben, die Sache anzupacken.

Waltraud will ihre Arbeit behalten. Sie fragt sich allerdings, inwieweit dort eine Veränderung erreicht werden kann. Liegt es im Bereich des Machbaren oder ist es womöglich verlorene Liebesmüh? Ihr wird klar, dass es kein einfaches Unterfangen sein wird, Veränderungen herbeizuführen. Es wird ihr einiges an Energie abverlangen, doch sie will es angehen. Das ist ihr die Sache wert. Und sie weiß, wenn Dinge angesprochen und geklärt sind, wenn sie sich wohl fühlt, wenn die Atmosphäre stimmt, dann wird ihr die Arbeit auch wieder Freude machen und auch ihr Privatleben positiv beeinflussen. Bei dieser Vorstellung glättet sich Waltrauds Stirn, und auf ihrem Gesicht erscheint sogar ein kleines Lächeln. Waltraud stellt sich vor, wie sie entspannt ihre Arbeit machen kann, in den Pausen mit den Kolleginnen ein Pläuschchen hält, und ihr wird klar, dass sie bereit ist, sich dafür zu engagieren.

Waltraud ist es wichtig, mit anderen Menschen einvernehmlich zu arbeiten, dabei ist sie realistisch genug, zu wissen, dass es immer Menschen geben wird, mit denen sie nicht viel am Hut haben wird (und umgekehrt diese mit ihr ebenso wenig), dennoch sollte es möglich sein, respektvoll (und einigermaßen offen) miteinander umzugehen, sich andere Meinungen anzuhören und andere Ansichten zuzulassen. Dafür will sie sich einsetzen.

Waltraud ergänzt also ihren Zielsatz: »Ich arbeite weiterhin im Verein im Einvernehmen mit meinen Kolleginnen und der Leitung.« Dann überlegt sie sich, was sie dazu beitragen kann, ihr Ziel zu verwirklichen. Ihr ist klar geworden, dass sie sich angesichts der Atmosphäre und der offenen und auch indirekt geäußerten Vorwürfe in den letzten Wochen mehr und mehr zurückgezogen hat, und sie nun aufpassen muss, sich nicht selbst ins Abseits zu manövrieren. Um der drohenden Isolation entgegenzuwirken, will sie Schritt für Schritt auf die Kolleginnen zugehen. Sie nimmt sich vor, gleich nach ihrem Kurzurlaub mit ihrer Kollegin Christa, die ihr am sympathischsten ist, ein unverfängliches Gespräch anzufangen. Eine passende Gelegenheit - da ist sie sich sicher - wird sich schon ergeben. Ihr Zielsatz erfährt eine weitere Ergänzung: »Ich sorge dafür, dass ich den

Kontakt zu den Kolleginnen verbessere, indem ich mich stückchenweise wieder mit anderen Themen ins Gespräch bringe.«

Um der Situation eine Wende zu geben, ist es aber ebenso notwendig, mit der Leiterin, Frau Schmidt, ein Gespräch zu führen. Diese Vorstellung verursacht Waltraud ein wenig Magengrimmen. Sie weiß aber, wenn sie gut vorbereitet ist, und vor allem das im Auge behält, was alle Beteiligten verbindet, dann ist das schon die halbe Miete. Auf den Mund gefallen ist sie ja auch nicht – und wenn sie das bevorstehende Gespräch noch einmal mit ihrer Tochter vorher durchgeht (die kennt sich ja gut mit Kommunikation aus) und auf mögliche Stolperfallen und Fettnäpfchen achtet, kann eigentlich nicht mehr viel schief gehen. Wenn es ihr dennoch nicht gelingen sollte, die Leiterin zu überzeugen, weiß sie wenigstens, woran sie ist, und kann dann neu überlegen, wie es weitergehen kann. Waltrauds Weg-Ziel-Satz erfährt also eine weitere Ergänzung: »Ich führe mit der Leiterin ein Gespräch, in dem ich die Arbeitssituation anspreche. Damit will ich erreichen, dass die unfairen Angriffe von Barbara unterbleiben.«

Waltrauds Gedanken, ihr Ziel sind nun in Worte gefasst. Sie schreibt sich ihren ausformulierten Zielsatz auf und muss jetzt nichts weiter tun, als ihn in Taten umzusetzen. Viel Glück Waltraud!

Persönliche Erfahrungen

»Abstand halte ich erst einmal für sehr wichtig. Und ich denke, dass es auch ein Stück weit sein muss, dass man's eben annimmt: ›Es ist jetzt so passiert, und ich kann es jetzt nicht ändern. Aber was mache ich jetzt daraus?‹ Eben nicht in dieser Opferrolle bleiben und sich da immer betroffen fühlen, sondern, dass man aktiv wird, dass man aus der Passivität in eine Aktivität kommt.«

Marianne G., 42 Jahre, Angestellte im Theaterbereich

»Was noch dazu kam, war, dass ich vorher im Urlaub war, und für mich klar wurde: ›So, wie's jetzt ist, kann es da für mich nicht weitergehen. Ich muss sozusagen gestärkt und verändert zurückgehen.‹ Ja, das war so ein bisschen wie das Ende von einer Sackgasse: ›Jetzt musst du dich irgendwie umdrehen.‹«

Siba P., 38 Jahre, Sozialpädagogin

»Ich habe eine andere Richtung gebraucht, und deshalb musste ich für mich klarmachen, wie ich mich verhalte, welchen Platz ich habe. (...) Ich bestimme meine Wege gerne selber, und ich glaube an den Spruch: ›Wer sich nicht bewegt, der wird bewegt.‹ (...) Ich glaube, es ist auch ganz wichtig, dass man sich einen Plan B aufstellt, wie immer der aussehen mag.«

Daniela O., 48 Jahre, Chefsekretärin

»Ja, ich wollte natürlich nicht gleich wieder aufgeben, ich habe mich ja gefreut auf diese Stelle – ich dachte: ›Wow, das ist die Selbstverwirklichungsstelle schlechthin, ja, hier kann ich alles einbringen, was ich kann und gerne machen will, und noch für 'n sinnvollen Zweck.‹«

Ada E., 33 Jahre, Angestellte im
Bereich Öffentlichkeitsarbeit

»Ich hab' immer versucht, besonders gut zu arbeiten und besonders korrekt zu sein. Das ist eine starke Wesensart von mir, und das kann sein, dass ich dadurch auch mal auf Neid stoße. Und dann kommen eben noch die äußeren Konflikte, die in der Firma schon sind, dann potenziert sich das ganz schnell, und da muss man unbedingt ansetzen.«

Marie S., 45 Jahre, Sekretärin

»Wenn es in eine Richtung geht, die nicht mehr gut für mich ist, dann Konsequenzen ziehen, zum Beispiel, indem man den anderen gegenübertritt. (...) Und zu sehen, was dahin geführt hat. Es geht jetzt nicht um Schuld, sondern darum, zu erken-

nen, wie eins zum anderen führt; man ist ja auch aktiv.«
Lisa M., 38 Jahre Angestellte in der Filmbranche

»Ich muss was anders machen, war mein Empfinden. (...) Abstand ist in jedem Fall erst mal gut, ich muss mich auch neu sortieren. Und ich muss auch mit ein wenig Abstand noch mal auf die Vorgänge gucken, auf mich gucken, auf Kollegen gucken.«

Susanne R., 52 Jahre, Lektorin

»Wenn ich früher etwas über Mobbing im Fernsehen gesehen habe, oder etwas darüber gelesen habe, dann dachte ich immer: ›Wieso ziehen die sich den Schuh an? Wieso lassen die das eigentlich an sich ran? Wieso gehen die nicht einfach?‹ Und plötzlich ... intellektuell habe ich immer gewusst: Das müsste ich eigentlich denken, aber emotional konnte ich das nicht. Ich hab' mir den Schuh angezogen und hab' das an mich rangelassen.«

Gabi B., 43 Jahre, Architektin

KAPITEL 5
Tanja Trenner

NICHTS IST UNMÖGLICH?

Tanja sitzt bei ihrer Hausärztin im Wartezimmer. Sie ist unruhig. Das ist für sie nichts Besonderes, aber in der letzten Zeit sind zu ihrer ständigen Nervosität verschiedene Symptome hinzugekommen. Migräneanfälle, die sie für mindestens zwei Tage regelmäßig aus der Bahn werfen, ihr Magen scheint verrückt zu spielen, sie hat sich in der vergangenen Woche öfter übergeben müssen. Trotz dieser konkreten Beschwerden weiß sie nicht so recht, was sie der Ärztin gleich sagen soll. Sie weiß, dass sie dringend Hilfe braucht, sie weiß auch, dass es kein Wundermittel gegen Beschwerden gibt, die aufgrund von übermäßigem Stress entstehen. Sie vermutet, dass die beste Hilfe wohl darin bestünde, sie für ein paar Tage aus dem Verkehr zu ziehen, aber im Hinterkopf mahnt eine Stimme: »Du darfst jetzt nicht schlappmachen!« Die anderen PatientInnen blättern entspannt in den herumliegenden Zeitschriften. Tanja hat zwar eine Zeitung in der Hand, merkt aber gar nicht richtig, was sie da eigentlich liest, bis sie auf einen Artikel stößt: »Mobbing am Arbeitsplatz – so wehren Sie sich.« – »Treten Sie dem Mobber entschlossen gegenüber«, liest sie da, »dann wird der schon merken, dass er nicht alles mit Ihnen machen kann!« Wie sie das tun soll, dass *der* was merkt, steht da leider nicht. Schon allein die Vorstellung, dass sie morgen mit Herrn Barsch die Planung für die kommende Woche machen soll, lässt sie befürchten, eine weitere Kopfschmerzattacke zu bekommen.

»Die Nächste bitte«. Tanja geht ins Sprechzimmer, die Zeitung immer noch in der Hand. »Guten Tag, Frau Trenner«, begrüßt sie Frau Wohl, »Sie habe ich ja lange nicht gesehen, aber das ist ja immer ein gutes Zeichen!«

»Ich fürchte, diesmal nicht«, beginnt Tanja, »mir geht es

ziemlich mies. Ich habe mittlerweile mindestens einmal in der Woche einen Migräneanfall, außerdem ist mir fast ständig übel. Selbst am Wochenende grüble ich ständig über die Situation in meiner Firma nach, und das lässt mich auch nicht mehr richtig schlafen, nach etwa drei Stunden liege ich für den Rest der Nacht wach und mache mir Gedanken, ob ich wohl morgen mit heiler Haut nach Hause komme. Ich weiß nicht mehr, was ich tun soll.« Sie fängt an zu weinen.

»Nun mal langsam, Frau Trenner. Sie sagen, an Ihrem Arbeitsplatz hat sich einiges zusammengebraut? Und deswegen können Sie schon gar nicht mehr richtig schlafen?«

»Ja, so kann man das sagen, es ist alles so total verfahren, ich weiß nicht mehr, wie ich das alles wieder gerade biegen kann.«

Frau Wohl hört ihr zu und schlägt Tanja vor, erst einmal eine Woche zu Hause zu bleiben, denn Migränemittel, Schlaf fördernde Medikamente und Magen stabilisierende Präparate allein würden nicht dafür sorgen können, dass es ihr langfristig wieder besser ginge.

»Das habe ich mir schon gedacht«, meint Tanja, »aber ich muss da morgen hin!«

»Aber, Frau Trenner« entgegnet die Ärztin, »Sie sind krank, und in diesem Zustand schaden Sie sich eher, als dass Sie in der Lage wären, etwas ›gerade zu biegen‹. Im Gegenteil, womöglich machen Sie irgendeinen Fehler, und dann eskaliert die Situation noch mehr.«

»Aber die glauben doch, ich drücke mich, wenn ich nicht komme, und außerdem hat Herr Barsch dann noch etwas, was er gegen mich ausspielen kann.«

»Erstens scheint Ihrem Kollegen ja wohl jedes Mittel recht zu sein, um Sie ins Unrecht zu setzen, also ist es egal, ob Sie sich hinquälen oder besser für sich selbst sorgen, und zweitens können Sie, ohne ein wenig Abstand zu gewinnen, sowieso nichts ausrichten!«

Tanja spürt, dass ihr die Argumente ausgehen und irgendwie ist da ja was dran. Geht sie hin, wird man ihr wieder jedes ihrer Worte im Mund herumdrehen und ihr hinterher schleichen, um zu sehen, ob sie nicht irgendwas falsch macht. Und die Gefahr, dass sie tatsächlich etwas falsch macht, wird in der momentanen Atmosphäre und in ihrem Zustand von Tag zu Tag größer. Zu Hause zu bleiben, vielleicht ein wenig im Park spazieren zu gehen, könnte ihr ganz gut tun. Und wenn die Ärztin schon meint ... »Gut«, sagt sie, »vielleicht ist es besser so.«

»Ich sehe Sie dann am Donnerstag wieder, und passen Sie gut auf sich auf!«, wird sie von Frau Wohl verabschiedet.

Die nächsten zwei Tage wird es nichts mit dem Spaziergang. Tanja hat das Gefühl, als würde es ihr noch schlechter gehen, und überdies hat sie nun auch noch Stress mit ihrem Freund. »Na, ich weiß ja nicht«, meint Klaus, »wenn du jetzt nicht hingehst, dann bist du doch ganz weg vom Fenster, und überhaupt, wo willst du denn bei der Arbeitsmarktlage und dann noch in deinem Alter eine neue Arbeit herkriegen, wenn der Haupt dir kündigt? Auf so eine Gelegenheit wartet der doch bloß.«

Das war das i-Tüpfelchen in dem schon lange schwelenden Streit, der sich in den letzten Monaten an ihrem Job entzündet hatte. »Du hast doch bloß Angst, dass wir den USA-Urlaub nicht finanzieren können!«, wirft Tanja Klaus im Gegenzug vor. »Und überhaupt, was soll ich da als Wrack?«

Klaus will einlenken, aber Tanja geht auf Distanz. »Abstand halten an allen Fronten«, denkt sie voll Ironie. Die Anspielung auf ihr Alter nimmt sie ihm besonders übel. Ihren Vierzigsten wollen sie im kommenden Sommer in New York feiern, seit langem ein gemeinsamer Traum von beiden.

Am Sonntagmorgen lässt sich Tanja von ihrer Freundin Karin überreden, mit in die Sauna zu gehen. Entspannung gegen Migräne? Klingt plausibel, und hier zu Hause fällt ihr allmählich die Decke auf den Kopf. Sie genießt die Ruhe in der Sauna, schaltet ab, schläft sogar zwischendurch mal ein. Vielleicht sollte sie noch eine Massage anmelden? Nach drei Stunden gehen die Freundinnen in die Saunabar auf einen Kaffee. Das Gespräch kommt bald auf Tanjas Arbeitsplatzsituation. Karin möchte gerne wissen, was Tanja nun vorhat. »Gute Frage«, meint Tanja,

»ich weiß es noch nicht. Mittlerweile kann ich mir sogar vorstellen, ganz wegzubleiben – ich meine aufzuhören.« Karin ist ziemlich sprachlos: »Das nenne ich mutig«, meint sie, »aber ich kann auch nicht sehen, was es dir bringen könnte, dort weiterzuarbeiten, außer dauerkrank zu werden.«

»Ja, eine andere Perspektive sehe ich auch nicht. Ich habe ja schon eine Menge versucht, aber entweder wird meine Lage ignoriert, weil der Chef Angst hat, etwas unternehmen zu müssen, wenn er mal genau hinschaut, oder er nimmt mich nicht ernst. In jedem Fall ist mir in den letzten Tagen klar geworden, dass ich unter solchen Voraussetzungen sowieso nicht mehr jahrelang in der Firma arbeiten kann, und da erscheint es mir besser, jetzt was Neues zu suchen, als die Augen weiter zuzumachen. Ich werde nur älter ... und kränker.

»Du klingst so vernünftig«, bemerkt Karin.

»Ha«, entgegnet Tanja, »da solltest du mal Klaus hören, der sieht das ganz anders. ›Der Spatz in der Hand ist immer noch besser als die Taube auf dem Dach‹, mit solchen Sprüchen kommt er mir. Bei ihm hört es sich so an, als wenn ich irgendwas ganz Großartiges aufgebe. Der findet das nicht mutig, sondern eher feige.«

»So ein Quatsch, ›feige‹ wäre, wenn du ignorieren würdest, was da gespielt wird. Du nimmst die Dinge in die Hand, das ist das Entscheidende!«

»Das muss ich wohl, aber ich weiß halt noch nicht, wie.«

Am Donnerstag geht Tanja wieder in die Sprechstunde von Frau Wohl. So »mutig«, wie ihr Karin unterstellt zu sein, fühlt sie sich überhaupt nicht. Nach wie vor schläft sie sehr schlecht, kann sich zu keiner Entscheidung durchringen, plagt sich mit Existenzängsten herum, und spätestens, wenn sie die Auseinandersetzungen mit Herrn Barsch Revue passieren lässt, befällt sie Bitterkeit.

Was ist eigentlich passiert? Sie hat sich darangemacht, einen chronologischen Verlauf zu dokumentieren. Mittlerweile ist sie schon bei der vierten Version. Die erste war zehn Seiten lang, und selbst sie hatte zum Schluss Schwierigkeiten, zu verstehen, was denn nun eigentlich zu der aktuellen Situation geführt hat. Ihr wurde klar, dass, wenn sie selbst noch nicht einmal mehr den Überblick hat, andere kaum nachvollziehen können, was sie bewegt. Also machte sie sich erneut ans Werk und hat nun einen relativ knappen, in thematische Absätze unterteilten Bericht, den Frau Wohl überfliegt.

»Tanja Trenner, Assistentin der Geschäftsleitung, seit neun Jahren angestellt, seit zwei Jahren Mobbing durch einen Kollegen, der zu meiner Unterstützung eingestellt wurde, mich aber tatsächlich bei dem Geschäftsführer als unfähige Mitarbeiterin denunziert«, steht da. Über die Frage, warum er das tut, hat Tanja lange nachdenken müssen. Sie vermutet, dass er ihr den Einfluss auf die Geschäftspolitik und ihr Ansehen bei den Kunden neidet, und dass er es richtiger fände, wenn sie ihm assistierte, statt umgekehrt. Nachdem er sehr bald anfing, sie schlecht zu machen, ihre Entwürfe dem Chef gegenüber als die seinen auszugeben, den Kunden zu erzählen, sie sei nicht da, und überhaupt sei er nun zuständig, hinter ihrem Rücken die KollegInnen auf angebliche Fehler und Versäumnisse von ihr hinzuweisen und viele andere Dinge mehr, hatte sie eine Unterredung mit dem Chef, Herrn Haupt. Sie artikulierte ganz vorsichtig, dass sie sich von Herrn Barsch nicht so recht unterstützt fühlte, doch Herr Haupt meinte nur, Herr Barsch sei sehr engagiert, und wenn er denn mal übers Ziel hinausschieße, so sei das seinem jugendlichen Elan zuzuschreiben und würde sich für die Firma doch eher positiv auswirken. Durch diese Einschätzung fühlte Herr Barsch sich bestätigt, und die Attacken gegen sie wurden umso heftiger. Herr Barsch schaffte es sogar, in den Tennisclub von Herrn Haupt aufgenommen zu werden. Geschäftliches wurde von nun an von den beiden in der Restauration des Clubs besprochen und Tanja am nächsten Tag vor vollendete Tatsachen gestellt. Das Perfide daran war, dass ihr allmählich tatsächlich die guten Ideen ausgingen, weil es ihr nicht mehr gelang, sich mit Engagement für die Firma einzusetzen. Der Gedanke, mit Herrn Barsch besser bedient zu sein, lag für Herrn Haupt nahe, und dementsprechend verhielt er sich. Offiziell war Herr Barsch zwar immer noch ihr unterstellt, aber in Wirklichkeit hatten sie die Rollen längst getauscht. Waren die Würfel gefallen? Sollte sie von sich aus gehen?

»Ich denke, es ist möglicherweise noch zu früh, eine Entscheidung von solcher Tragweite zu fällen«, äußert Frau Wohl, »außerdem sind Sie nach wie vor krank, Frau Trenner. Wenn Sie überlegen, ob Sie selbst kündigen sollten, kann ich Ihnen für diesen Fall bescheinigen, dass Sie Ihrer Arbeit nicht mehr nachgehen können, ohne Gefahr zu laufen, krank zu bleiben, bzw. noch kränker zu werden. Aus ärztlicher Sicht würde ich Ihnen tatsächlich ernstlich anraten, diese Beschäftigung aufzugeben. Die entsprechende Bescheinigung können Sie dann beim Arbeitsamt vorlegen, und die würden Sie dann von der Sperrfrist, die bei einer Eigenkündigung vorgesehen ist, befreien.«

»Da fällt mir schon mal ein Stein vom Herzen«, entgegnet Tanja. »Das würde ich auch nicht einsehen können, dass ich von meinen Ersparnissen auch noch Arbeitslosigkeit überbrücken muss.«

»Da machen Sie sich mal keine Gedanken, das zumindest lässt sich in Ihrem Fall erreichen.«

Ziemlich erleichtert verlässt Tanja die Praxis und macht sich auf den Weg ins Fitness-Studio. »Das verordne ich Ihnen als einen Beitrag zu Ihrer Genesung«, hatte Frau Wohl gesagt. Darauf wäre sie nie gekommen, hatte sie doch immer angenommen, zu Hause im Bett zu liegen, sei das probate Mittel gegen Krankheiten aller Art. Dabei war das Gegenteil der Fall, hatte sie heute erfahren. Ihr Befinden würde sich nur noch verschlimmern, wenn sie sich zu Hause einigelte. Schon am Sonntag in der Sauna wurde sie von Gewissensbissen geplagt und konnte sich nur damit beruhigen, dass ihr Chef ja wohl eher die Sauna in seinem Club benutzen würde, als im städtischen Bad aufzutauchen. Ein Zusammentreffen war also höchst unwahrscheinlich, aber trotzdem, so ganz befreien konnte sie sich von diesem Gedanken nicht.

Tanja ist mittlerweile die dritte Woche arbeitsunfähig, und so allmählich fängt der Knoten in ihrem Kopf an, sich zu lösen.

Auch ihr Verhältnis zu Klaus hat sich ein wenig entspannt, weil er merkt, das allein Tanjas Idee, die Firma zu verlassen, ihr neue Energie verleiht. Sie hat sogar schon angefangen, die Stellenangebote zu studieren und arbeitet an ihrer Bewerbung. Morgen hat sie einen Termin bei einer Fachanwältin für Arbeitsrecht. Karin hat sie auf die Idee gebracht, sich doch einmal zu erkundigen, ob es nicht möglich sei, einen Abwicklungsvertrag mit ihrem Arbeitgeber zu vereinbaren. Allem Anschein nach will der doch auch, dass sie den Weg frei macht für ihren Kollegen, und es ist ja durchaus denkbar, dass er sich das was kosten lässt, ja vielleicht sogar kosten lassen muss.

Alles in allem ist Tanja wieder optimistischer geworden, was ihre Zukunft angeht. Soll sie sich die von den Herren Haupt und Barsch verbauen lassen? Das kann und wird sie nicht zulassen. Und Klaus wird einsehen müssen, dass sie sich nicht um jeden Preis verbiegen lassen kann. Vielleicht besser, so denkt sie im Moment, rechtzeitig erhobenen Hauptes zu gehen, als sich weiter an einem Arbeitsplatz abzuarbeiten, an dem ihre Mitarbeit so offensichtlich nicht geschätzt, und ihr die Aussicht auf eine bessere Zukunft versperrt bleiben wird.

Tanjas Überzeugung: Ich vertraue darauf, dass ich eine Lösung finde

Tanja Trenner ist krank, so krank, dass sie zur Kenntnis nehmen muss, dass sie nicht »einfach so« weiterarbeiten kann, dass sie vermutlich noch kränker wird, wenn sie nicht endlich zur Ärztin geht und deren Rat annimmt. Sie bringt ihre Beschwerden mit Mobbing in Verbindung, nur, dagegen gibt es kein Patentrezept, auch wenn das in Zeitschriften oft vorgegaukelt wird. Tanja fühlt sich in einer Zwickmühle, an einem Punkt, an dem sie nichts mehr richtig machen kann, nur noch viel falsch. Das sieht ihre Hausärztin auch so und meint deshalb, es sei besser, wenn Tanja mal zu Hause bliebe. Im Grunde weiß Tanja das selbst. Sie »ziert« sich zwar noch ein bisschen, aber sie erwartet nicht wirklich von Frau Wohl, dass diese sich ihre Beschwerden erzählen lässt, um sie alsdann aufzufordern, krank zur Arbeit zu gehen. Genau dieses Wissen lässt Tanja vermutlich so lange zögern, überhaupt in die Praxis zu gehen, sie ahnt das Ergebnis und versucht, es zu umgehen. Sie schätzt die Situation als »total verfahren« ein und vermutet richtig, dass sie durch ein »mehr vom Gleichen« keine Veränderung herbeiführen kann. Ein neues Konzept muss her, das aber gibt es nicht auf Rezept, und dazu braucht frau einen verhältnismäßig klaren Kopf.

»Ich glaube daran, dass ich (Schritt für Schritt) eine Lösung für mein Problem finden werde«, so lautet Tanjas Überzeugung. Sie weiß, dass es nicht *den* ultimativen Ratschlag gibt, dass es keinen Sinn macht, nach der alles auf einen Schlag lösenden Formel zu fahnden. Im Gegenteil, beständiges Grübeln über etwas, das einem gar nicht einfallen kann, weil es das so nicht gibt, würde bei ihrer Migränedisposition vermutlich für Dauerkopfschmerz sorgen, würde ihren Nachtschlaf womöglich noch mehr verkürzen und ihren bereits angegriffenen Magen noch sensibler reagieren lassen. Also tut sie einen ersten Schritt, einen, dessen Tragweite sie absehen kann. Sie stimmt einem Vorschlag zur Verbesserung ihrer Gesundheit zu. Sie erlaubt sich, innezuhalten, ohne Alternativen zur Hand zu haben. Sie ist davon überzeugt, dass es viele Schritte zu einer Lösung sein werden, und dass sie den letzten Schritt gar nicht sehen *kann*, wenn sie den ersten nicht tut.

Aus dem ersten Schritt ergeben sich Konsequenzen: Der zweite Schritt folgt. Wenn sie schon »aus dem Verkehr gezogen« ist, fühlt sich Tanja auch aufgefordert, dieser Auszeit einen Sinn zu geben, und in ihrer Lage ist nun ein anderes Programm angesagt als beispielsweise bei einem gebrochenen Fuß. Der Abstand, den sie durch Entspannung einerseits und Fitnesstraining andererseits gewinnt, führt dazu, dass ihre Idee, die Firma endgültig zu verlassen, endlich an die Oberfläche kommen kann. Nun kann Tanja den Gedanken auch aussprechen und ihn als eine Option betrachten. Ihr Freund Klaus sieht das anders. Dieses »Step-by-step–Programm« erscheint ihm zu unsicher. Wer weiß, was dabei herauskommt? In gewisser Weise ist seine Ansicht verständlich, denn auch seine Interessen werden ja davon berührt, wenn Tanja ihren Arbeitsplatz aufgibt; schließlich geraten dadurch ihre gemeinsamen Pläne in Gefahr. Dass diese schon lange in Gefahr sind, hat er ignoriert, wie Tanja bisher auch. Nur sie ist fast täglich mit der Nase darauf gestoßen worden und muss jetzt zudem die Rechnung in Form von Krankheit begleichen. Tanja hat sich zum Handeln »aufgerafft«, Klaus kann sich nun entweder widersetzen oder mitgehen.

Ein weiterer Schritt auf Tanjas Weg ist, die Geschehnisse zu beschreiben, schriftlich zu fixieren, was sie in diese Lage gebracht hat. Sie lässt in einem ersten Versuch ihre Enttäuschung heraus, kann ihre Kollegen nach Herzenslust beschimpfen, erlaubt sich endlich einmal, ihrer Empörung unzensiert Ausdruck zu geben. Aber sie belässt es nicht dabei, sie probiert mehrere Varianten, eine auch unter dem Aspekt: Ist die Geschichte für Außenstehende verständlich und nachvollziehbar? In diesem Schreibprozess »veräußert« sie buchstäblich ihre Erlebnisse. Das biografische Erzählen ist für sie Diagnose und Therapie zugleich und dient dazu, den Mobbingverlauf so zu erzählen, dass er sie, die Erzählerin, über die Krise trägt und sie stärker und widerstandsfähiger macht. Dabei geht es nicht um eine objektive Wahrheit, sondern darum, wie Tanja ihre Erlebnisse und die daraus resultierenden Erkenntnisse in ihr Leben integrieren wird. Die Arbeit an ihren Aufzeichnungen macht sie zu einer handelnden Person. Mag sein, dass sie nicht optimal auf die Entwicklung am Arbeitsplatz reagiert hat, aber im Prozess des Schreibens begreift sie nach und nach, dass sie Optionen hat, sie lernt, ihre Geschichte so zu erzählen, dass sie damit ihre Identität und ihr Selbstvertrauen stärkt.

Tanjas Aufarbeitung der letzten zwei Jahre bringt sie mehr und mehr zu der Einschätzung, dass die Entwicklung nur noch schwer umkehrbar ist – wichtiger noch, sie sieht gar keinen Sinn mehr darin, es überhaupt noch zu versuchen, in ihrer Firma auf ein faires Miteinander hinzuwirken. Ihre Überzeugung hat ihr geholfen, die Frage “Should I stay or should I go?” für sich zu beantworten. Und nun, da sie weiß, wohin sie will, kann sie schauen, wie, das heißt, über welchen Weg sie weiterkommt. Der nächste Schritt ist folglich, Informationen über dieses »wie« zusammenzutragen. Die Zielfindung hat Tanja es erleichtert zu entscheiden, *welchen* Weg sie probieren sollte. Das Erreichen dieses nächsten Etappenziels wiederum erleichtert sie sich, indem sie schaut, *wie* der Weg dorthin beschaffen ist. Die Erprobung dieses Weges wird vorstellbar, weil Tanja ein Ziel vor Augen hat. Sie läuft nicht Gefahr, sich im Unbestimmten zu verlieren. Ihr Ziel ist vielleicht noch etwas vage, aber sie hat in den vergangenen zwei bis drei Wochen ein Gefühl dazu entwikkelt, das nun ihre Aktivitäten steuert. Und siehe da, der Weg fängt an, Gestalt anzunehmen. Für Tanja hat sich ihre Überzeugung bestätigt: Schritt für Schritt bahnt sie sich einen Weg aus der Krise und zeigt damit ein hohes Maß an Selbstverantwortung.

> »Ein selbstverantwortlicher Mensch, der Maß und Ziel besitzt, kann sich zwanglos anpassen, ohne sich dabei überanzupassen, und kann seiner Wege gehen, ohne dabei fehlangepasst ins Abseits zu laufen. Seine Identität ist stabil, weil sie beweglich ist. Ein solcher Mensch ist kompromissbereit, besitzt aber ein sicheres Gespür für faule Kompromisse, für die Grenze zum Opportunismus, wo der Bogen überspannt und die Identität gebrochen würde. An diesem kritischen Punkt erhebt sich ein solcher Mensch wie eine starke Feder und folgt seiner inneren Stimme.«
>
> (Joseph Huber)

Tanjas Wahrnehmung: Mein Körper signalisiert mir: unternimm etwas

Tanja Trenners Körpersignale übermitteln ihr nachhaltig: »Achte auf deine Gesundheit, geh endlich zur Ärztin!« Sie hat natürlich schon länger wahrgenommen, dass es ihr zunehmend schlechter geht, allerdings hat sie noch keine Konsequenzen daraus gezogen – bis zu dem Zeitpunkt, an dem fast gar nichts mehr geht. Ihre

Überzeugung »Schritt für Schritt werde ich eine Lösung für mein Problem finden«, beinhaltet eben keine Aussage darüber, wie lang diese Schritte sind (was gut ist), und auch keine darüber, wann der Zeitpunkt gekommen ist, loszulaufen (was weniger gut ist). Aber erst einmal ins Laufen gekommen, rollt die Entwicklung auf eine Lösung zu, und das dann auch ziemlich zügig.

Heißt das, dass *ohne Krankheit* ihre Wahrnehmung auf den Status quo gerichtet geblieben wäre? Bei Tanja (und bei vielen Frauen in ähnlichen Situationen) ist das so. Erst die Lenkung der Wahrnehmung von den äußeren Umständen auf sich selbst ermöglicht ihr, einen anderen Standpunkt einzunehmen und eine Perspektive zu entwickeln, die dann ihre Überzeugung auf den Plan ruft. Tanja hat sicherlich auch schon vorher erkannt, dass die Situation sehr problematisch ist, allerdings hatte sie das bisher nicht veranlasst, etwas zu verändern – bis zu ihrem Entschluss, ihre Hausärztin aufzusuchen.

Das Drehbuch für den Mobbingprozess wurde von ihrem Kontrahenten Herrn Barsch bestimmt, auch wenn Tanja Einspruch eingelegt hatte. Der wurde jedoch einfach abgewiesen, und es ging weiter im Text. Veränderung ergibt sich auch bei Tanja erst dadurch, dass sie sich selbst ins Spiel bringt, dass sie an einem eigenen Drehbuch tüftelt.

Tanja bringt den Mut auf, ihre voraussichtliche Zukunft in ihrer Firma realistisch einzuschätzen. Wie Schuppen scheint es ihr dann von den Augen zu fallen, dass ihre Vorstellung von beruflicher Zukunft sich wohl nicht mit der deckt, die Herr Haupt ihr zugedacht hat. Nun nimmt sie wahr, dass die Lage »total verfahren« ist. Innerlich hat sie bereits gekündigt und visualisiert sich sozusagen weg von der Firma. Diese »Wandlung« kommt für ihre Umgebung sehr plötzlich. Bei Tanjas Freundin Karin löst sie erst mal blankes Erstaunen aus, dann aber kann sie Tanjas Überlegungen nachvollziehen, ja sogar noch ergänzen. Tanjas Freund Klaus dagegen hat mit ihrem Sinneswandel so seine Probleme: »Erst zwei Jahre lang gute Miene zum bösen Spiel machen und dann plötzlich eine Kehrtwende um einhundertachtzig Grad vollziehen!« Tanja lässt sich in ihrer Überzeugung allerdings nicht erschüttern. Nun, da sie erst einmal das bis dahin Unmögliche gedacht hat, verfolgt sie konsequent ihren Weg. Jetzt, wo sie sich nicht mehr die Frage stellt: »Wie halte ich in der Firma durch?«, sondern: »Wie finde ich eine Lösung für die Mobbingsituation?«, erweitert sie ihr gedankliches Spektrum um eine entscheidende Dimension. Außerdem erlaubt sie sich, wahrzunehmen, dass auch andere Aktivitäten, die zunächst nicht direkt mit der Problemlösung zu tun haben, entscheidende Schritte auf ihrem Weg sein können. Dass sie Vorschläge wie einen Saunabesuch aufnimmt und auf »ärztliche Anweisung« ins Fitnesscenter geht, wäre vor ihrer Kehrtwende vielleicht nicht möglich gewesen. Sie hätte so etwas als Zeitverschwendung und Ablenkung vom »Eigentlichen« abgetan. Nun aber ist für sie etwas anderes das »Eigentliche«, und da sind eben auch andere Heilmittel angebracht.

Wer konsequent einen neuen Weg verfolgt, löst damit auch bei anderen neue Wahrnehmungen aus. Tanja ist nun nicht länger die »Doña Quichota«, die gegen Windmühlen kämpft. Herr Barsch und Herr Haupt werden ihre Wandlung wohl nicht mehr mitbekommen, aber Klaus wird sich so seine Gedanken machen. Auch bei ihm führen andere oder neue Wahrnehmungen zu anderen Ergebnissen.

Tanja ist, wenn auch nicht ohne Blessuren, auf eine neue Spur gekommen. Ausgehend von ihrer Wahrnehmung, die auf ihren Gesundheitszustand gelenkt wurde, trat ihre Überzeugung auf den Plan, die von ihr forderte, eine Lösung für ihr Problem zu finden. »Besser spät als nie«, sagt der Volksmund, oder, etwas eleganter, mit den Worten von Franz von Liszt: »Glücklich, wer mit den Verhältnissen zu brechen versteht, ehe sie ihn gebrochen haben«. So gesehen, können wir Tanja als glücklich bezeichnen, sie ist an einem kritischen Punkt ihrer inneren Stimme gefolgt.

Tanjas Konfliktverhalten: Beharren, Rückzug, neue Horizonte

Tanja durchläuft verschiedene Konfliktetappen. Zunächst (in der ersten Etappe) ist ihr Verhalten darauf ausgerichtet, den »richtigen« Zustand wiederherzustellen. Dieser Soll-Zustand beinhaltet ihrem Verständnis nach, dass sie die Assistentin des Geschäftsführers ist und Herr Barsch ihr zuarbeiten und den Rücken freihalten soll. Aber ihr Kollege hat eine andere Vorstellung vom Soll-Zustand, und er ist auf dem Wege, seine Vorstellungen auch umzusetzen.

Tanja ist zwar durchaus im Recht, es gibt ja so etwas wie Stellenbeschreibungen, Einstellungsabsprachen und anderes mehr, die festlegen, wer welche Aufgabe hat, aber: Sie musste einsehen, dass ein weiteres Beharren auf ihren Ansprüchen, ihrem »Recht«, sie nicht zu einem zufriedenstellenden Ergebnis führen würde. Natürlich könnte sie nun immer weiter darauf pochen und sagen: »So war das nicht abgemacht!«, aber, was würde ihr das nützen? Mit dem Rechthaben ist das so eine Sache, es obliegt der Betrachterin, von welchem Standpunkt aus sie eine Situation anschaut. Wir wissen ja nicht, ob Herr Haupt Herrn Barsch Hoffnungen auf eine schnelle Karriere gemacht hat, von denen Tanja gar nichts weiß, sodass Herr Barsch sich ebenfalls im Recht fühlt.

Wenn beide um ihre Positionen kämpfen, ist das Ergebnis jedenfalls immer: Eine oder Einer bleibt auf der Strecke. Das heißt, wenn Tanja mit »harten Bandagen« kämpft, stehen ihre Chancen nicht allzu gut, als Siegerin vom Platz zu gehen, denn ihre Ausgangsposition ist durch die Haltung des Chefs schlechter als die ihres Kollegen. Und der Einsatz ist hoch: Außer dem Arbeitsplatz ist auch ihre Gesundheit in Gefahr. Wie flexibel »Recht zu haben« sein kann, erzählt folgende Geschichte aus dem Zen-Buddhismus:

> »Ein Zen-Lehrer wandelt in Begleitung zweier Schüler durch den Klostergarten. Angeregt diskutieren sie über die Liebe, das Leben und den Tod (...) Plötzlich bleibt einer der

Schüler stehen und ruft empört den Lehrer zum Zeugen: ›Meister, Meister! Hast du das gesehen? Der Gärtner dort hat eine Schnecke umgebracht! Meister, das darf er nicht, denn das Leben muss man schützen, hab ich nicht recht, Meister?‹
›Doch, du hast recht.‹
Der Gärtner hat das gehört; er tritt an den Meister heran und sagt: ›Ich bin anderer Meinung als dein Schüler da. Ich töte die Schnecken, um unser eigenes Leben zu schützen. Wenn ich die Schnecken, Kartoffelkäfer und übrigen Schädlinge im Garten gedeihen lasse, werden wir selbst nichts zu essen haben. Und da wir in diesem Kloster nur von dem leben, was wir selbst anbauen, ist es doch eine Art Lebensschutz, wenn man Schnecken tötet. Hab ich nicht recht, Meister?‹
›Doch, so gesehen hast du recht.‹
Daraufhin ruft nun der zweite Schüler, der bis dahin geschwiegen hatte: ›Meister, das verstehe ich nicht. Mein Mitbruder sagt, es sei ein Vergehen gegen das Leben, wenn man Schnecken tötet, und du gibst ihm recht; der Gärtner wiederum sagt, es sei eine Art Lebensschutz, wenn man Schnecken tötet, und auch ihm gibst du recht. Das ist doch nicht logisch, Meister!‹
Der Meister wendet sich dem zweiten Schüler zu und sagt zu ihm: ›Du hast recht!‹«

Was für Tanja der Versuch, ihr Recht durchzusetzen, zunächst einmal zur Folge hat, ist eine Verschlechterung ihres Gesundheitszustandes, der dann die zweite Etappe einläutet. Sie sieht sich gezwungen, eine Pause einzulegen, ihr Tagesablauf wird ein anderer, und sie hat den Kopf freier, um neue Gedanken zuzulassen. Tanja stellt ihre bisherige Strategie in Frage. Dabei wird ihr immer klarer, dass ihr Kollege dadurch, dass er mit dem Chef privat verkehrt, seinem Ziel viel näher ist als sie ihrem. Außerdem sieht sie in der Reaktion von Herrn Haupt, dass der nicht nur »nichts« tut, um sie zu unterstützen, sondern durch seine Einstellung und sein Verhalten im Konflikt zwischen Tanja und Herrn Barsch den Zielen ihres Kontrahenten noch Vorschub leistet. Sie beschließt also, einmal über mögliche Alternativen nachzudenken. In dem Märchen von der Königstochter (s. S. 30) entspricht das der »Pferdestrategie«, einem einstweiligen Rückzug. Sie reitet von dannen, entfernt sich vom Ort des Geschehens (bleibt krank zu Hause), um aus diesem sicheren Abstand heraus zu überlegen, was ein Ziel sein könnte, wenn sich das erste Ziel nicht umsetzen lässt bzw. wenn die Arbeit daran sich derart negativ auf ihre Gesundheit auswirkt.

Sich einen neuen Arbeitsplatz zu suchen, hat Tanja bisher immer als Flucht verstanden, als ein Verlassen ihres angestammten Platzes, schließlich war sie ja eher da. Dieses Verständnis führte zu Durchhalteparolen wie »Du darfst jetzt nicht schlappmachen«. Ihr Verhalten orientierte sich an ihrer Zielvorgabe »Ich kämpfe um meine Vormachtstellung«. Nachdem sie diese Zielvorgabe durch eine andere ersetzt hat, ändert sich auch ihr Verhalten. Auch damit ist sie noch nicht am Ziel, aber sie hat eine weitere Etappe erreicht.

Nun kann sie (in Gedanken) ausprobieren, ›wie es wäre, wenn ...‹ Sie konfrontiert ihr privates Umfeld damit und stellt fest, dass das, was sie für eine gute Idee hält, nicht bei allen bedingungslosen Beifall findet. An den Reaktionen von Klaus merkt sie, wie sicher sie sich mit der Vorstellung von einem Abschied in ihrer Firma fühlt. Er liefert ihr die Gegenargumente, an denen sie überprüfen kann, ob ihre Lösung nicht doch einen Haken für sie hat, ob sie nicht doch »Flucht« bedeutet. Aber je mehr Aktivität sie in diese neue Zielrichtung steckt, desto sicherer wird sie ihrer Sache. Sie weiß, dass eine Kündigung in der Firma ein Schritt nach vorne wäre, und keiner zurück. Ein »Nebeneffekt« sozusagen ist auch, dass ihre frisch erworbene Sicherheit auf ihre Umgebung abfärbt, dass sich beispielsweise das Verhältnis zu Klaus mit ihrer zunehmenden Klarheit entspannt. Wie in allen Beziehungen gibt es auch hier einen Rückkoppelungseffekt: Unsicherheit erzeugt Unsicherheit und Sicherheit erzeugt Sicherheit – aber nur dann, wenn beide auf ein gemeinsames Ziel, in diesem Fall eine Beziehung *miteinander*, hinsteuern.

An Tanjas Arbeitsplatz verhält es sich anders. Die zunehmende Sicherheit von Herrn Barsch lässt Tanja immer unsicherer agieren und je unsicherer sie wird, desto sicherer wird Herr Barsch seiner Sache, und zwar deswegen, weil es kein gemeinsames Ziel gibt. Sie wollen beide kein *Miteinander*, sondern ein *Ohne-einander.*

Tanja ist auf dem Weg, Konsequenzen aus dem bisherigen Geschehen zu ziehen. Ihr Verhalten wird »stimmiger« und ist nun an dem, was *sie* will, orientiert. Sie konzentreirt sich nicht mehr darauf was Herr Barsch will und sie dagegen tun kann. Sie geht *ihren* Weg und versucht nicht länger, unbeschadet auf einem Weg voranzukommen, der voller ungesicherter Baustellen ist.

Tanjas Ziel: Den Kurs ändern

Hin- und hergerissen zwischen ihren beiden inneren Stimmen: »Jetzt bloß nicht schlappmachen!« und »Du brauchst dringend Erholung – und wenn es erst mal nur für ein paar Tage ist«, entschließt sich Tanja, der fürsorglichen Stimme nachzugeben. Sie nimmt die immer massiver auftretenden Migräneanfälle und die schlaflosen Nächte endlich ernst und holt sich Hilfe bei ihrer Hausärztin.

Vielleicht muss es für Tanja erst »so weit« kommen, vielleicht müssen die Kopfschmerzen sich so ins Unerträgliche und damit in eine körperliche Krise steigern, damit sie von Tanja »wahrgenommen« und als Signale ihres Körpers gedeutet werden können. Erst dann kann sie einsehen, dass es so für sie nicht mehr weitergeht, und dass sie unter der Belastung schier zu »zerbrechen« droht. Mit ihrem Gang zur Ärztin leitet Tanja eine Wende ein.
Bis zu diesem Zeitpunkt verfolgt Tanja mehr oder weniger ein Ziel, das sich mit den Worten: »Durchhalten um jeden Preis« beschreiben lässt und aus der Überzeugung genährt wurde: »Ich muss da hin, was sollen die anderen denken?«. Die Ärztin bringt Tanja durch Nachfragen dazu, ihre bisherigen Überlegungen zu

hinterfragen und aus ihrem einengenden Gedankenkarussell auszusteigen. Tanja gestattet sich, zunächst noch zaghaft und quasi »ärztlich verordnet«, eine Auszeit und verändert damit unmerklich ihre Zielrichtung: »Ich steige eine Woche aus und sorge dafür, dass ich erst einmal wieder auf die Beine komme!«

Ganz so einfach ist es für sie zunächst aber nicht, dieses Vorhaben auch gegenüber ihrem Freund zu vertreten, zumal dieser mit seinen Bemerkungen genau wieder die Ängste anspricht, die Tanja bisher veranlasst haben, die Zähne zusammenzubeißen und an ihrer unerträglichen Arbeitssituation festzuhalten. Doch instinktiv spürt sie, dass Arbeit zu haben nicht die oberste Maxime sein kann, schon gar nicht, wenn der Preis ihre Gesundheit ist. Und die ist ihr wichtig, dafür will sie etwas tun. Erst mal ist sie ja krankgeschrieben, und dann, hat ihre Ärztin nicht signalisiert, dass eine Woche vielleicht gar nicht ausreicht? Doch mit Krankschreiben allein ist es auch nicht getan. Tanja weiß, dass sie etwas tun muss, dass eine Entscheidung ansteht, doch welche?

Ganz tief aus ihrem Inneren kommt ein Gedanke hoch, den sie bislang kaum zu denken, geschweige denn laut auszusprechen gewagt hat: »Und wenn ich da ganz aufhören würde?« Mit Klaus, das ist ihr klar, braucht sie darüber gar nicht erst zu diskutieren, seine Ansicht kennt sie ja – in gewisser Weise versteht sie ihn ja auch. Doch das nützt ihr im Moment gar nichts, sie braucht Unterstützung, und die kann Klaus ihr zu diesem Zeitpunkt nicht geben. Sie findet sie schon eher bei ihrer Freundin Karin. Mit ihr redet sie in der Sauna über ihre Situation und spricht den Gedanken einer Kündigung das erste Mal laut aus. Fast ist sie darüber ein bisschen erschrocken, muss aber trotzdem in sich hinein lächeln, ähnlich wie die Schauspielerin Grete Weiser, die einmal schmunzelnd in ihrer unnachahmlichen Art und Weise Folgendes äußerte: »Wie kann ich wissen, was ich denke, bevor ich höre, was ich sage?«

Will Tanja *das* tun? Kann sie sich vorstellen auszusteigen, womöglich sogar ohne einen neuen Arbeitsplatz zu haben? Kann sie einen Ausstieg ins Ungewisse wagen? Tanja weiß, dass sie eine so wichtige Entscheidung nicht einfach übers Knie brechen kann, die Gedanken beginnen wieder zu kreisen und lassen sie auch im Schlaf hochschrecken. »Stop«, sagt sich Tanja, »dreimal tief durchatmen, und dann alles der Reihe nach. Ich sortiere erst einmal und verschaffe mir Klarheit.« Und wie? Hatte ihr Karin nicht etwas von diesem Workshop »Biografisches Schreiben« erzählt? Geschrieben hatte sie doch schon als Jugendliche, ihrem Tagebuch hatte Tanja ihre Probleme anvertraut, und oftmals war sie danach nicht nur erleichtert, sondern hatte auch so manchen Weg aus einer Phase der Orientierungslosigkeit gefunden.

Tanja beginnt also damit, ihre Mobbing-Geschichte aufzuschreiben, und gewinnt der ganzen Situation immer mehr Facetten ab. Immer deutlicher wird ihr, dass auch die anderen (der Chef, die KollegInnen) miteinander verflochten sind, und Tanja erfährt so einiges über sich selbst. Ihr wird klar, dass ihre bisherigen Ziele auch durch Überzeugungen bestimmt sind wie: »Ohne die Arbeit bin ich nichts wert.« Ihr ganzes Selbstwertgefühl, ja ihre ganze Identität scheinen mit der Arbeit untrennbar verbunden zu sein. Tanja hält inne. Aber diese Arbeitsstelle trägt ja schon seit geraumer Zeit nicht mehr dazu bei, ihren Selbstwert zu stabilisieren, ganz im Gegenteil. Und trotzdem hält sie an ihr fest? Ist das gesund? Und ist es nicht an der Zeit, ihre Überzeugungen einmal zu hinterfragen? Arbeit zu haben, ja, das ist ihr wichtig, aber muss es dieser Arbeitsplatz sein?

In dem Maße, wie es Tanja gelingt, ihre früheren Sichtweisen infrage zu stellen, wird ihr bewusst, dass es jetzt an der Zeit ist, den Kurs zu ändern und eine neue Richtung einzuschlagen. Mehr und mehr kann sie sich lösen von ihrem ursprünglichen Ziel »Ich muss meine Arbeitsstelle (be)halten, koste es, was es wolle« hin zu einer neuen, der Situation und ihren Bedürfnissen angepassten Richtung: »Ich lasse los«.

Zugegeben, bis dahin muss sie noch einiges unternehmen, denn

Loslassen ist nicht leicht und nicht mit einem Fingerschnippen getan. Doch wie sagt schon ein persisches Sprichwort: »Alle Dinge sind schwer, bevor sie leicht werden«. Tanja braucht Zeit, das hat sie begriffen – und die Zeit wird sie sich nehmen. Wer drängt sie denn? Sie selbst bestimmt die Geschwindigkeit, ob sie Stoff gibt oder sachte wie durch eine Tempo-dreißig-Zone fährt.

Tanja macht sich einen Plan für die nächste Zeit, erarbeitet sich Teilziele: »Ich nehme mir die nächsten zwei Wochen Zeit, um mich konkret mit einem möglichen Abschied von der Firma zu beschäftigen. Dazu brauche ich noch mehr Informationen. Ich werde mich bei einer Anwältin, beim Arbeitsamt und in der Beratungsstelle XY informieren und auch mit Frau Wohl darüber reden. Das wird mir mehr Sicherheit geben. Gleichzeitig sorge ich für meine Gesundheit, indem ich mich einmal in der Woche mit Karin in der Sauna treffe und ins Fitness-Studio gehe. Damit geht es mir körperlich besser, und ich bekomme mehr Energie. So aufgetankt, gehe ich meinen Wechsel in eine andere Firma Schritt für Schritt an.«

Persönliche Erfahrungen

»Ich habe dann also wirklich dieses Loslassen immer wieder geübt, und habe gesehen, was für eine Kraft daraus erwächst. (...) Und ich sehe es nicht so, dass diese Menschen jetzt denken, sie haben gesiegt, sondern: Ich habe für mich einen Sieg errungen, auch nicht gegen die, sondern für mich selbst.«

Marianne G., 42 Jahre, Angestellte im Theaterbereich

»Was mir geholfen hat, ist, dass ich mir erlaubt hab', dann irgendwann in dem Prozess zu sagen: ›So, und jetzt setz' ich mich mal hin und fang' an, drüber nachzudenken, wie ich eigentlich wirklich leben will.‹ Das heißt, den Blick nach vorne richten – dieses Festhalten ist ja wie so ein Blick nach hinten – und zu sagen: ›Der Rest des Lebens steht mir bevor, und jetzt

mache ich was damit, und mache es mit dem Wissen, was ich mir jetzt angeeignet hab', mit dem Wissen um meine Schwächen und Stärken.‹ (...) Und ich kann mir auch zugestehen: Ich kann und ich darf wirklich traumhafte Ziele haben, und ich darf auf dem Weg zu diesen Zielen auch Anfängerin sein, ich darf sozusagen lernen, wie ich dahin komme.«

Siba P., 38 Jahre, Sozialpädagogin

»Ich spielte auf ziemlich verlorenem Posten, zumal mein Chef seinen Führungsaufgaben in keinster Weise nachgekommen ist, (...) und ich habe gemerkt, ich krieg' da keinen Stich mehr und will in so einem Klima mit so einer Person (der Kollegin) nicht auf Dauer acht Stunden in einem Zimmer sitzen. (...) Also für mich gab's keinen Grund mehr, eine Minute länger dort zu arbeiten, als für mein Wohlergehen erforderlich. Ich hab' mein Engagement zurückgezogen, ich hab' Dienst nach Vorschrift gemacht, ich war freundlich (das alles war schwer genug für mich), aber Extras hat es von mir nicht mehr gegeben. (...) Ja, und das war in der Tat ganz eigenartig, je mehr ich mich auf diese Arbeitsweise eingeschossen hatte, je cooler ich gewirkt haben muss, desto unsicherer wurde mein Kollege.«

Daniela O., 48 Jahre, Chefsekretärin

»Ich sollte mich da nicht bewähren können (...) das ging erst mal über mein Vorstellungsvermögen. (...) Aber am Schluss hab' ich's dann begriffen: Es ist eben so, und jetzt musst du sehen, dass du da wegkommst. (...) Ich brauchte dann noch mal eine Bestätigung von außen, um loslassen zu können, sonst hätte ich immer noch gedacht, da gibt's noch was, was ich probieren müsste.«

Ada E., 33 Jahre, Angestellte
im Bereich Öffentlichkeitsarbeit

»Ich habe mir gesagt, du bist jetzt hier nicht die große Schuldige, die hier jetzt unter dem Teppich lang kriechen muss, sondern du musst Mut haben, was Neues anzufangen, du

musst für dich entscheiden: Wenn dich etwas krank macht, musst du es verlassen. Und das war wichtig für mich, das zu erkennen.«

Marie S., 45 Jahre, Sekretärin

»Es ist auch schon eine Wahl, was man tut. Ich hatte sogar überlegt, wieder zur Arbeit zu gehen, weil ich in der Zeitung gelesen hatte, dass es gut ist, bis zum Ende durchzuhalten, aber ich hätte da nicht wieder zurückgehen wollen, absolut nicht (...) Also nicht wie vorher weiterzumachen, als ich diese Krankmeldung weggeschmissen habe, sondern dazu zu stehen: ›Das will ich nicht mehr, das kann ich nicht mehr, das fördert mich nicht.‹«

Lisa M., 38 Jahre, Angestellte in der Filmbranche

»Ja, und ich merke, das ist eine Frage des Mutes, zu sagen: ›Mir bekommt das nicht, davon werde ich krank, wenn ich das mit mir machen lasse.‹ (...) Früher hätte ich gedacht, damit mache ich mich klein, und heute denke ich eher, dass es eine Frage von Stärke ist.«

Susanne R., 52 Jahre, Lektorin

»Ich glaub', ich konnte mich erst dann loslösen, in dem Moment, wo ich gesagt habe: ›Dann bin ich eben arbeitslos.‹ Dann hab' ich an frühere Situationen gedacht, wo ich Arbeit bekommen habe, und vorher jemand zu mir gesagt hat: ›Das klappt doch nie.‹ Ich bin ja erst spät mit dem Studium fertig geworden, und da hab' ich auch immer wieder gehört: ›Mit neununddreißig als Ingenieurin und Berufsanfängerin, das klappt doch nie.‹ Und das hat alles nie gestimmt, diese negativen Prognosen. Da habe ich gedacht: ›Wieso soll's jetzt stimmen?‹«

Gabi B., 43 Jahre, Architektin

KAPITEL 6
Nancy Neuland

Nancy hat die Nase voll

Es ist siebzehn Uhr und Nancy hat Feierabend. Sie radelt am Kanal entlang, strampelt sich ihren Frust von der Seele. Die gelernte Verwaltungsfachangestellte hat sich in den sechzehn Jahren ihrer Tätigkeit bei einer großen Behörde ihrer Heimatstadt bis zur Sachbearbeiterin hochgearbeitet. Nach ihrer Scheidung ließ sie sich in eine Außenstelle der Verwaltung umsetzen. Wie das Leben so spielt, ist ihr Gruppenleiter dort Clemens Hase, ein alter Freund aus Kinder- und Jugendtagen; unter anderem hatten sie gemeinsam die Tanzschule besucht, sich später aber aus den Augen verloren. Nun ist die Überraschung darüber groß, dass beide schon so lange unter einem Dach gearbeitet haben, ohne voneinander zu wissen. Nancys Befürchtungen, in der neuen Umgebung nicht Fuß fassen zu können, verflüchtigt sich, denn das kameradschaftliche Verhältnis aus früheren Zeiten stellt sich rasch wieder ein.

Umso größer ist ihr Erstaunen, als sie merkt, dass sie zwar mit ihrem Chef wunderbar zurechtkommt, dass aber ihre KollegInnen immer wieder für Spannungen, ja, in der letzten Zeit sogar für massiven Unfrieden sorgen. »Irgendwo hakt's immer, wäre ja auch zu schön, wenn's mal auf der ganzen Linie friedlich wäre«, denkt Nancy. Aber, was sich Babette ihr gegenüber heute wieder herausgenommen hat, das kann sie nicht so einfach auf sich sitzen lassen. Da hat Babette doch tatsächlich ihren Kaffee auf Nancys gerade in wochenlanger Arbeit fertiggestellte Statistik gekippt! Aus Versehen, wie sie mit treuherzigem Augenaufschlag beteuerte. Komisches Versehen, wenn man sich eine Minute später mit den anderen darüber halb tot lacht! Gut, sie muss die Statistik ja einfach nur noch mal ausdrucken, aber das wird sie erst morgen machen können. Clemens war ziemlich ungehalten, er sollte die Statistik eigentlich heute noch bei dem Abteilungsleiter abgeben. Babette grinste derweil schadenfroh in sich hinein. »Na, musst du jetzt unseren lieben Chef enttäuschen?«, fragte sie süffisant. Alles Zufälle? Einbildung? So recht mag Nancy nicht mehr daran glauben.

Sie tritt heftiger in die Pedale, jetzt fängt es auch noch an zu regnen! Sie ist auf dem Weg zum allwöchentlichen Termin mit ihrer Frauengruppe. Nancy freut sich immer auf das Zusammensein, drei bis vier Stunden wird über allgemeine Themen diskutiert, aber es ist auch Platz für Persönliches. Heute brennt es Nancy besonders unter den Nägeln, sie will über ihre KollegInnen erzählen und von ihren Freundinnen wissen, wie sie die Lage einschätzen.

»Das kannst du wirklich nicht auf dir sitzen lassen, wer weiß, was als Nächstes passiert, wenn sie damit durchkommt«, so Regine, als Nancy von Babettes neuesten Eskapaden erzählt. »Das ist doch offensichtlich, dass sie dir dein freundschaftliches Verhältnis zu Clemens neidet. Vielleicht bist du da irgendwie zwischen die beiden geraten? Durch dein Auftauchen haben sich die Dinge ja schon ein wenig verschoben. Aber Clemens könnte da doch mal einiges richtig stellen. Wenn du Babette das mit der Kaffeetasse vorwirfst, wird sie es ja doch abstreiten. Aber vielleicht hilft es ja, wenn sie von ihm ein paar passende Worte gesagt bekommt.«

»Kann auch sein, dass es dadurch nur noch schlimmer wird«, meint Rosa.

»Stimmt«, wirft Nancy ein, »der Geschickteste ist er nicht in solchen Sachen. Aber ich denke auch, ich kann das nicht so stehen lassen, wenn ich es recht überlege, war es ja auch nicht das erste Mal, dass ich den Eindruck habe, da wird etwas gegen mich ausgeheckt. Clemens muss sie ja nicht für alles zur Rechenschaft ziehen, das würde sie wahrscheinlich tatsächlich noch mehr gegen mich aufbringen.«

»Geschickt wäre es von ihm«, schaltet Dagmar sich ein, »er würde erst mal so ganz allgemein vom Klima im Team reden und dann von der Verantwortung aller für gute Zusammenarbeit, aber auch und gerade von ihrer als der Dienstältesten, und dann könnte er sie fragen, was sie dafür tun könnte, damit die Arbeitsatmosphäre besser wird, so in die Richtung. Möglicherweise versteht sie den Wink, wenn sie nicht gleich mit Vorwürfen konfrontiert wird.«

»Na, ich rede mal mit Clemens«, überlegt Nancy laut, »ich danke euch, vielleicht lässt sich da doch noch was in Ordnung bringen.«

Am nächsten Morgen glaubt sie ihren Augen nicht zu trauen. In ihrem Computer starrt sie im Ordner »Statistik« eine weiße Fläche an, als sie die Dateien von gestern aufrufen will. Sie erinnert sich ganz genau, alles penibel abgespeichert zu haben, allerdings hatte sie, weil die Zeit so knapp wurde, keine Sicherungskopien gemacht. Fassungslos fängt sie an, in anderen Ordnern zu fahnden, ohne Ergebnis. Ohne großartig zu überlegen, stürzt sie zu Clemens ins Büro: »Die Statistik ist nicht da! Ich wollte sie gerade noch mal ausdrucken, sie ist einfach weg!«

»Das gibt's doch gar nicht, ich brauche sie aber jetzt! Wo, zum Teufel, bist du nur in letzter Zeit mit deinen Gedanken? Die anderen haben ganz recht. Ich verlasse mich zu sehr auf dich, und das habe ich jetzt davon!« Clemens läuft nervös vor seinem Schreibtisch auf und ab.

»Halt mal, was soll denn das heißen?« Nancy glaubt es nicht, da wird ihr ganz übel mitgespielt, und Clemens schiebt ihr die Schuld in die Schuhe? »Ich habe den Kaffee nicht über den Ausdruck geschüttet, und ich habe auch ganz sicher nicht die Statistik aus dem Computer befördert. Mir scheint ziemlich eindeutig, wer dahinter steckt! Ich soll bei dir in Misskredit gebracht werden, weil ich gewissen KollegInnen im Wege bin!«

»Kannst du das beweisen? Soll ich etwa mit solchen Behauptungen losziehen? Die lachen mich doch aus!«

»Wie soll ich denn das beweisen? Aber du könntest doch mal mit Babette reden, ich glaube nämlich, dass sie dahinter steckt«, verlangt Nancy, »klar ist doch, dass etwas überhaupt nicht stimmt, und das da mal ein Machtwort von dir kommen müsste. So kann es jedenfalls nicht weitergehen, das musst du doch auch begreifen.«

»Mmhh, ich kann Babette ja mal fragen, wie sie die Sache sieht«, meint Clemens.

Nancy merkt, wie sie ungeduldig wird. »Fragen wird da wohl nicht genügen, die streitet einfach alles ab, und dann bist du genauso weit wie vorher. Nein, ich denke, du musst schon mal klären, dass so nicht zusammengearbeitet werden kann, dass das einfach gar keine Zusammenarbeit, sondern Behinderung von Arbeit ist. Und da muss auch Babette sich bewegen, egal was sie gemacht oder nicht gemacht hat. Ich setze mich wieder an den Computer und fange von vorne an, aber vor nächster Woche werde ich die Statistik wohl kaum fertig bekommen.«

»Du hast ja irgendwie schon recht, ich werde wohl mal mit ihr reden. Ich sage dir dann Bescheid, wie's gelaufen ist.«

Als Nancy eine Woche später mit ihrer Arbeit soweit ist, wie sie schon mal war, fragt sie bei Clemens nach, wie sein Gespräch mit Babette ausgegangen ist. Der erwidert: »Ich bin noch nicht dazu gekommen, sag' mal, hast du Lust, heute Abend essen zu gehen?«

»Mensch, Clemens, das ist mir wichtig, bevor das nicht geklärt ist, habe ich zu fast gar nichts mehr Lust, und schon gar nicht, mit dir in aller Ruhe essen zu gehen. Du hast vielleicht Nerven! Bitte kümmere dich darum, diese ungeklärte Situation macht mich noch ganz verrückt, ich kann schon nicht mehr richtig schlafen.«

»Ist ja gut, wenn dir das so wichtig ist, werde ich mir Babette mal vornehmen.«

Keinesfalls beruhigt geht Nancy aus Clemens Büro. Draußen sieht sie die KollegInnen Kuchenteller balancierend zusammenstehen. Sie sind gerade dabei, Klara zu beglückwünschen, die anscheinend heute Geburtstag hat. Babette überreicht ihr einen Blumenstrauß und ein Päckchen mit einer Geburtstagskarte von allen. Von allen? Nancy ist baff, davon hatte sie überhaupt nichts gewusst. Niemand hat bei ihr angefragt, ob sie sich beteiligen möchte, sie wusste auch gar nicht, dass Klara heute Geburtstag hat, dabei hält sie diese Kollegin für eine von den Netteren. Sie traut sich nicht, sich dazu zu stellen und nimmt sich vor, später Klara zu gratulieren. Als die anderen schon gegangen sind und Klara sich über das Geschirr hermacht, spricht Nancy sie an. Klara reagiert ziemlich verlegen, sie weiß wohl nicht so recht, was sie von alldem halten soll, und wem sie jetzt eigentlich Loyalität schuldet. Auf der einen Seite sieht sie die KollegInnen (oder genauer gesagt, eigentlich war es ja Babette, die gesagt hatte, Nancy habe für Geschenke und Geburtstag keinen Sinn, sie würde das für überflüssig halten) und auf der anderen Nancy, die ganz offensichtlich keine Ahnung von der Aktion hatte, und nun ziemlich unbeholfen vor ihr steht.

»Ja, danke«, erwidert sie auf die Glückwünsche, »tut mir Leid, jetzt habe ich gar keinen Kuchen mehr.«

»Das macht doch nichts, Klara. Na, ich mach' denn mal weiter.« Nancy fühlt sich niedergedrückt. Hat das alles überhaupt noch Sinn? Irgendwie ist die Stimmung umgeschlagen, ohne dass sie das recht mitbekommen hat, und jetzt kommt es ihr vor, als wenn sich alle gegen sie verschworen haben. Es erscheint ihr unendlich mühsam, dagegenzusteuern. Aber irgendwas muss passieren!

Statt ihren gewohnten Freizeitaktivitäten nachzugehen, verbringt Nancy in der nächsten Woche die Abende zu Hause. Ob Clemens heute mit Babette gesprochen hat? Jedenfalls hat sie mitbekommen, dass beide zur Pause gemeinsam hinaus gegangen sind. Es wird auch wirklich Zeit. Heute zum Beispiel hat sie herausbekommen, dass Anrufe, auf die sie gewartet hatte, einfach nicht zu ihr durchgestellt wurden. Sie fühlt sich regelrecht sabotiert. Wie soll sie da noch vernünftige Arbeit machen? Am liebsten würde sie alles hinschmeißen, sollen die doch sehen, wie die ihre Arbeit geregelt kriegen! Überhaupt, sechzehn Jahre Öffentliche Verwaltung, ein Wunder, dass sie nicht noch mehr graue Haare bekommen hat, bei diesem angeblich ja so wunderbar durchstrukturierten Verwaltungsapparat. Von wegen, da kann sie ganz andere Dinge erzählen, aber die will ja niemand hören. »Nun hör' auf zu jammern«, schilt sie sich selbst, »werd' endlich aktiv!«

Am nächsten Tag fragt sie wieder bei Clemens an, wie weit er mit Babette gekommen sei. »Ja, weißt du«, meint der, »Babette denkt, dass du nicht so ganz hier rein passt, vielleicht ist da was dran. Ich kann mir vorstellen, dass du überarbeitet bist, erst die Umstellung und Eingewöhnung in eine neue Abteilung, und dann gleich die Statistik, und dann hast du ja auch erst die Scheidung hinter dir – die anderen hatten noch gar nicht die Möglichkeit, dich so kennen zu lernen, wie du wirklich bist.«

»Was hat das denn damit zu tun?«, braust Nancy auf, »dass ich mich so mies fühle und vielleicht wirklich nicht mehr so fix bin, hat doch seinen Ursprung in Babettes fiesen Spielchen. *Das* hat doch dafür gesorgt, dass ich hier mit niemandem wirklich warm werde. Und jetzt fällst du mir auch noch in den Rücken.«

»Na, na, das stimmt so aber nicht. Vielleicht solltest du erst mal in Urlaub gehen, dich so richtig erholen, du hast ja wirklich viel gearbeitet. Dann sieht die Welt schon wieder ganz anders aus!«

Resigniert verlässt Nancy das Büro. Was nun? Dass Clemens ihr in irgendeiner Form die Stange hält, das kann sie nun wohl vergessen. Mein Gott, wie konnte sie sich nur so täuschen! Vielleicht sollte sie den Personalrat einschalten? Oder die Frauenbeauftragte? Aber was können die schon tun? Clemens ein bisschen Zivilcourage einimpfen und Babette die Regeln der Fairness beibringen? Wohl ein bisschen zu viel verlangt. Schon wieder eine Versetzung? Das würde sich im Lebenslauf nicht gut machen, und wer weiß, was man von ihr denken würde. Zwei Versetzungen innerhalb einer so relativ kurzen Zeitspanne, da sind Spekulationen Tür und Tor geöffnet.

Am Abend telefoniert sie mit Rosa, wie so oft in der letzten Zeit. Zur Frauengruppe mag sie im Moment nicht mehr gehen, sie hat das Gefühl, allen mit ihrer Hilflosigkeit auf den Geist zu gehen, und bevor ihr das womöglich eine sagt, hat sie sich lieber zurückgezogen. Aber Rosa lässt nicht locker. »O.K.«, meint sie heute, »wenn die dich da nicht wollen, und du sie ja eigentlich auch nicht mehr willst, du hast ja neulich selbst von ›Perlen vor die Säue‹ gesprochen, warum gehst du dann nicht ganz weg? Im Grunde bist du doch schon seit Jahren nicht zufrieden und suchst nach Möglichkeiten, etwas ganz anderes zu machen. Eventuell ist jetzt der Zeitpunkt gekommen, an dem du dich mal ernsthaft damit beschäftigen solltest.«

»Ja, vielleicht hast du recht. Neulich dachte ich sogar, vielleicht gehe ich für ein Jahr nach Spanien. Ich kenne da eine, die auf den Kanaren Ferienhäuser vermietet. Vielleicht hat die was für mich, als Reiseleiterin oder so. Mein Spanisch ist ja ganz passabel, und wenn ich das ein wenig aufpoliere ...«

»Langsam, langsam, nicht so schnell. ›Ernsthaft‹, sagte ich. Du könntest doch so einen Kurs zur beruflichen Orientierung machen, das wird doch jetzt viel angeboten. So eine Entscheidung kannst du nicht übers Knie brechen. Aber möglicherweise kommst du auf ganz andere, neue Ideen, wenn du mal in völlig neue Richtungen überlegst, bevor du dir an diesem Amt noch die Zähne ausbeißt, wo du im Grunde noch nicht einmal eine Zukunft dort siehst.«

»Da ist was dran. Wer sagt eigentlich, dass ich dort bis zur Rente ausharren muss? Genau das wollte ich doch nie!«, sinniert Nancy.

Sie fängt an, mit dieser Idee schwanger zu gehen, schon lange hat sie keine Pläne mehr für ihre Zukunft gemacht. Irgendwie lief immer alles automatisch, die diffusen Unlustgefühle hat sie meist beiseite geschoben. Diese Auseinandersetzung, die Frage »Was will ich?« macht ihr Angst, aber sie beflügelt sie auch. Die Dinge selbst in die Hand zu nehmen, das hat sie lange vermisst, wird ihr jetzt klar. Sie braucht nicht mehr darauf zu warten, dass andere etwas für sie regeln, um dann frustriert zu sein, wenn sie es nicht tun – siehe Clemens. Nein, von dieser Art der »Unterstützung« hat sie gestrichen die Nase voll. Klar, die finanzielle Seite bedrückt sie, immerhin bietet ihr die Verwaltung ein gesichertes Einkommen. Aber, was nimmt sie dafür in Kauf? Und wie sicher ist das wirklich? Und für wie lange noch? Mehr Fragen als Antworten im Moment. Doch sie nimmt sich vor, nach den Antworten zu suchen und sich dabei von professioneller Seite unterstützen zu lassen. Ihr Fernziel ist, mit vierzig Jahren ihr Geld auf andere Art und Weise zu verdienen, ja vielleicht sogar in einem anderen Land zu sein.

Urlaub will Nancy nun tatsächlich nehmen. Auf La Palma will sie sich umschauen und bei den Adressen der Reiseveranstalter, die sie von ihrer Bekannten bekommen hat, einmal vorstellig werden. Vielleicht ergibt sich etwas daraus, und wenn nicht: Sie wird nicht locker lassen und sich kontinuierlich mit ihrer beruflichen Zukunft beschäftigen.

Nancys Überzeugung: Ich lasse nichts auf mir sitzen

Nancy Neulands Weg in der Verwaltung scheint vorgezeichnet. Nach sechzehn Jahren hat sie sich eine gewisse Position erarbeitet. Nach einer Umsetzung trifft sie – welch freudige Überraschung – auf einen alten Bekannten. »Das lässt sich ja gut an«, mag sie sich gedacht haben. Ihre Sorge, auf Schwierigkeiten zu stoßen, scheint überflüssig zu sein, hatte sie doch bis dahin die Erfahrung gemacht: »Wenn ich mich mit dem Vorgesetzten gut verstehe, dann läuft der Rest von allein.« Das erweist sich als unzutreffend, was Nancy zuerst gar nicht glauben will. Damit hat ihre bisherige Anschauung einen »Knacks« bekommen. Vermutlich hat sie die Tragweite des Verhaltens ihrer KollegInnen (und auch ihr eigenes) erst ab dem Zeitpunkt neu bewertet, als die umgekippte Kaffeetasse ihre wochenlange Arbeit unbrauchbar macht. *Das* kann sie nicht mehr ignorieren, es macht sie wütend und macht ihr klar: »So geht's nicht, das Maß ist voll, jetzt muss ich was unternehmen.« Die Bedeutung dieses Vorfalls begreift sie noch nicht, aber sie weiß intuitiv, dass mehr dahinter steckt. Sie erkennt auch, dass sie diese Sache nicht isoliert betrachten kann, sondern dass sie in einem größeren Zusammenhang zu sehen ist. Nun muss Nancy erst einmal Rücksprache mit ihren Freundinnen halten, sie braucht Verständnis und Unterstützung. Objektiv hat sich die Lage nur graduell verändert, subjektiv ist für Nancy die Situation von einem Tag auf den anderen anders geworden. Durch diese – für sie neue – Sichtweise ist sie nicht in ihrer ganzen Tragweite überschaubar.

Nun greift Nancys Überzeugung: »Wenn ich merke, dass ich angegriffen werde, verteidige ich mich.« Genau das ist nun passiert, und Nancy sucht nach Möglichkeiten, deutlich zu machen, dass sie nicht weiter so mit sich umspringen lässt. In ihrer Frauengruppe erfährt sie Zustimmung dafür, es werden ein wenig die Motive der Kollegin beleuchtet, Bedenken geäußert, aber auch konstruktive Ideen eingebracht. Vielleicht ist ja nicht alles verloren? Vielleicht lässt sich ja noch mit einer geschickten Intervention etwas retten? Nancy hat leichte Zweifel, sie kennt ihre Pappenheimer, lässt sich aber doch für die Idee erwärmen, Clemens als Vermittler im Konflikt zu aktivieren.

Wie so oft kommt aber alles ganz anders. Der »Kaffeeschikane« zweiter Teil wird am Morgen von Nancy entdeckt. Ohne diplomatische Vorüberlegungen stürmt sie in Clemens Büro und muss erleben, dass Clemens in erster Linie die Schuld auf sie abwälzen will und ihre Nöte gar nicht zu begreifen scheint. Ziemlich halbherzig stimmt er dann zwar ihrem Vorschlag zu, mit Babette zu reden, aber Nancy ahnt schon, dass diese Herausforderung eine Nummer zu groß für ihren Chef ist.

In den nächsten Wochen bestätigt sich diese Ahnung, und nicht nur das, die Situation spitzt sich zu: Nancy wird jetzt ganz offensichtlich isoliert. Sie hat nun zwei Möglichkeiten: Entweder sie definiert Babettes Schikane nicht als Angriff, dann gäbe es erst mal nichts mehr zu verteidigen, oder sie bewertet Babettes Verhalten als Kampfansage und reagiert mit einem Gegenangriff. Sie tut Letzteres und stützt sich dabei auf Clemens, ihren Vorgesetzten. Der entzieht sich aber seiner Verantwortung und lässt zu, dass sich die für Mobbingverläufe typische Dynamik weiterentwickelt. Durch sein Verhalten unterstützt und forciert er geradezu diesen Prozess. Auch als Nancy ein drittes Mal darauf dringt, dass er etwas unternimmt, weicht er nicht nur aus, sondern versucht ihr zu erklären, dass sie, Nancy, sich anders verhalten müsse. Clemens ist praktisch alles recht, um zu vermeiden, dass er sich bewegen muss. Das will er natürlich nicht so verstanden wissen, selbst seinen Rückzug möchte er Nancy noch als gut gemeintes väterliches Unterstützungsangebot verkaufen. Nun ist aber bei Nancy der Bogen endgültig überspannt, zumal sie auch bei ihren KollegInnen bestenfalls auf ein verlegenes Schweigen zum Geschehen stößt. Nachdem sie diese Erfahrung gemacht hat, schenkt sie sich den Versuch, beim Personalrat und der Frauenbeauftragten, um Unterstützung nachzusuchen. Ihre Erkenntnis ist: »Mein Selbstverständnis steht nicht im Einklang mit dem meiner KollegInnen, und mein Chef kann und will nichts daran ändern.« Ihre Grenze kann Nancy zwar verteidigen, aber das führt nicht zu einem Ergebnis, das Weiterarbeiten möglich macht.

Bleibt sie weiterhin bei ihrer Überzeugung, stellt sich die Frage nach den Konsequenzen, und damit betritt Nancy »Neuland«. Das aber betritt man nicht, »(...) ohne sich darauf einzulassen, die Küste für längere Zeit aus den Augen zu verlieren«, wie schon André Gide festgestellt hat. Alles, was außerhalb der Behörde liegt, ist für Nancy ein Gebiet, das sie zuletzt vor langer Zeit betreten hat. Nach sechzehn Jahren kann man sogar vergessen, dass es das überhaupt gibt. Nancys Reaktion auf diese Wiederentdeckung ist: »Au ja, nichts wie hin!« Ihre Freundin Rosa bremst sie, sie versteht zwar, dass Nancy so schnell wie möglich heraus aus der Situation möchte, aber große Entscheidungen wollen reifen, damit sie tragfähig sind. Einen Prozess, der sechzehn Jahre lang andauerte, und in dem sie sich auf den Punkt zu bewegt hat, an dem sie jetzt steht, kann sie ebenso wenig wie andere so mir nichts, dir nichts, abbrechen und durch die erstbeste Alternative ersetzen. Sie braucht einen Plan und sollte zudem sicherstellen, dass sie das, wofür sie sich entschieden hat, auch in absehbarer Zeit noch will. Ein Kurs zur beruflichen Neuorientierung, in dem sie sich beispielsweise mit den Möglichkeiten eines anderen Berufsweges beschäftigt, die ein Neuanfang mit sich bringen würde, könnte Nancy die Zeit geben, alle damit zusammenhängenden Fragen in Ruhe zu klären, und das, ohne eine Entscheidung treffen zu müssen.

Wer, außer ihr selbst, sollte ihr das verwehren? Schauen wir uns einmal unter diesem Blickwinkel die Zeitrelationen an, wenn es darum geht, unser Arbeitsleben zu gestalten:

> »Wir verbringen achtzigtausend Stunden unserer Zeit in der Arbeitswelt, und dennoch verbringen die meisten Menschen mehr Zeit damit, den nächsten Urlaub zu planen, für den sie nur fünfhundertvier Tage ihres Lebens aufwenden, als damit, herauszufinden, was sie mit diesen achtzigtausend Stunden machen wollen.«[15]

Da scheint es doch mehr als angemessen, dass Nancy das, was sie beruflich tun möchte, mal gründlich unter die Lupe nimmt. An diesem Punkt der Entwicklung kommt es darauf an, dass Nancy sich Wahlmöglichkeiten schafft, um sich nicht wie die Maus in der Falle zu fühlen. Die Entscheidungsfreiheit, dieses *oder* jenes tun zu können, gibt ihr das Gefühl: »Weder Clemens, noch die KollegInnen, noch die Verwaltung, für die ich arbeite, bestimmen meine Lebensgeschichte, sondern *ich* schreibe sie.«

Nancys Wahrnehmung: Gut, den Chef zum Freund zu haben – warum neiden mir die anderen das?

In der neuen Abteilung trifft Nancy Neuland auf einen alten Freund. Sie nimmt wahr, dass sich eine alte Vertrautheit im Umgang mit Clemens wieder einstellt, und das ist für sie, die auf Neues und Ungewisses eingerichtet war, eine so positive Überraschung, dass sie das »Drumherum« vergisst. Ihre Wahrnehmung konzentriert sich derart auf diesen »Glücksfall«, der ihre Befürchtungen verpuffen lässt, dass sie vielleicht schon frühe Anzeichen des »Unmuts« ihrer KollegInnen übersieht. Sie genießt geradezu die üblicherweise recht stressige Eingewöhnungsphase, ihre Wahrnehmung richtet sich erst dann wieder auf die KollegInnen, als diese mit Nachdruck auf sich aufmerksam machen.

Nancy zieht sich auf ihre Freundschaft mit Clemens zurück. Damit verstößt sie gegen unausgesprochene Gruppennormen. Ihr Verhalten kann als ungesellig oder sogar als Kungelei mit dem Vorgesetzten gewertet werden. Entweder, weil sie damit eine bereits bestehende Ordnung durchbricht, zum Beispiel, weil schon Babette die Rolle von Clemens Vertrauter innehat, oder auch weil »man« in dieser Abteilung grundsätzlich kein gutes Verhältnis zum Vorgesetzten zu haben hat.

Eine neue Arbeitsstelle anzutreten, ist ein Unterfangen, das eine erhöhte Sensibilität seitens der »Neuen« erfordert. In einer empirischen Studie von 1996 kamen die ArbeitspsychologInnen Carmen Knorz und Dieter Zapf zu dem Ergebnis, dass bei etwa einem Drittel der betroffenen Personen die Mobbingaktivitäten bereits innerhalb der ersten sechs Monate nach Beginn der neuen Tätigkeit anfingen. Da gibt es viele »Feinheiten«, die die Neue bestrebt sein sollte, zu erfassen, statt durch ihre Unwissenheit nachhaltig dafür zu sorgen, dass die KollegInnen sie als Störerin begreifen. Wenn Babette bisher die Gruppenführerin des Teams war, ist Nancy durch ihre Vertrautheit mit dem gemeinsamen Chef nun dabei, die Gruppendynamik zu verändern. Und eine echte Gruppenführerin kann das natürlich nicht auf sich sitzen lassen.

Die bestehende Ordnung sensibel wahrzunehmen und entsprechend auf sie zu reagieren, bedeutet nicht, sich bedingungslos an die neue Umgebung anzupassen, sondern sie klug zu erforschen, um dann aus einer stabileren Position heraus die eigenen Interessen zu verwirklichen. Wäre Nancy auf die Gruppe eingegangen, hätten ihr die anderen ihren guten Draht zu Clemens möglicherweise nicht so übel genommen. Wenn sich nach der Erkundungsphase die erforderliche Anpassungsleistung für sie als zu groß erwiesen hätte, hätte Nancy auch überlegen können, ob *das* wirklich der richtige Arbeitsplatz ist. Aber aus ihrer anfänglichen Erleichterung heraus fängt Nancy erst dann an, die Zeichen zu deuten, als die Wiedersehensfreude schon ein wenig abgeklungen ist – genau das ist auch der Zeitpunkt, zu dem die Konfliktsignale einen vorläufigen Höhepunkt erreichen. Nun registriert Nancy, dass die umgestoßene Kaffeetasse nicht in die Sparte »Zufälle« einzuordnen ist, und jetzt merkt sie auch, dass sie angegriffen wird. Da es ihrer Überzeugung entspricht, auf einen Angriff mit Gegenangriff zu reagieren, ist für sie »Handeln« angesagt.

Empörung treibt Nancy an, Wut über die Kollegin, die ihre Arbeit sabotiert und dabei noch Schadenfreude zu empfinden scheint. Mit der Frage nach Babettes Motivation hält sie sich nicht auf, sie plagt sich auch nicht mit Vorwürfen sich selbst gegenüber; eine Gegenstrategie muss her, um der Kollegin klar zu machen, dass sie so mit ihr nicht umspringen kann. Dass sie mit Clemens möglicherweise aufs falsche Pferd setzt, dämmert ihr schon zu diesem Zeitpunkt, aber, »Versuch macht klug«, mag sie sich denken.

Nancys Wahrnehmung, ihre Intuition täuscht sie nicht, Clemens entpuppt sich als »Friede-Freude-Eierkuchen-Chef«. Mobbing, das ist so ziemlich das Letzte, womit er zu tun haben möchte, und so taktiert er verhalten, sucht den Weg des geringsten Widerstands. Klar, es ist ihm unangenehm, Nancy, die ja eine alte Freundin ist und mit der er schon schöne Zeiten verlebt hat, klar zu machen, dass ihm zwar etwas an ihr liegt, er aber nicht bereit ist, sich konsequent als verantwortlicher Chef zu präsentieren. Er interpretiert seine Verantwortung einfach um, für ihn bedeutet sie nun, Nancy auf eine mögliche Überforderung durch Eingewöhnung und Umstellung hinzuweisen. Sogar Informationen aus ihrem Privatleben müssen herhalten, damit er erreicht, dass sie ihn in Ruhe lässt. Und was ist schon eine wütende Nancy gegen eine Babette, mit der er inzwischen jahrelang zusammenarbeitet und hinter der ja auch die meisten KollegInnen stehen? Er lässt Nancy fallen. Sie registriert die Endgültigkeit des letzten Gesprächs, die Botschaft ist nicht misszuverstehen.

Nancy nimmt zwar die Unsicherheit ihrer Kollegin Klara wahr, doch die Chance, einen Kontakt aufzubauen, nutzt sie nicht; dass sie so eindeutig von der Geburtstagsfeier ausgeschlossen wurde, wiegt für sie ungleich schwerer.

Nancy steht vor einem Wendepunkt und bewertet die Situation nun endgültig als so verfahren, dass sie die Aussicht, im Amt zu bleiben, für unmöglich hält. Ihre Gedanken gehen auf Wanderschaft, und Rosa wirft ihr den »Rettungsanker« zu: Warum nicht ganz woanders neu anfangen? Nancy springt auf den Zug auf, der ihr eine ganz neue Perspektive verspricht. Die Freundin muss ihr erst einmal klar machen, dass so ein Zug kein ICE sein kann, sondern eher ein Bummelzug, der nötigenfalls an jeder Milchkanne hält. Aber auch ein langsamer Zug fährt, und einmal in Bewegung geraten, steuert er seine Ziele an. Wo Nancy letztendlich ankommt und aussteigt oder umsteigt, wird sich mit der Zeit erweisen.

Wir halten fest, dass Nancys Wahrnehmung eher sprunghaft funktioniert, um dann so lange auf einen Aspekt fokussiert zu bleiben, bis der für sie »abgearbeitet« ist. Das macht es ihr einerseits schwer, die Gleichzeitigkeit von Ereignissen und deren Verbindung untereinander wahrzunehmen, andererseits ermöglicht es ihr, sich – ohne durch parallele Geschehnissen abgelenkt zu werden – auf bestimmte Aspekte zu konzentrieren. Sie sucht nach Alternativen zu den Situationen, durch die sie sich bedroht fühlt, und so kommt sie zu neuen Erkenntnissen, die ihr vielleicht sogar zu einer neuen Existenz verhelfen.
Für Nancy ist es nun nicht mehr das Wichtigste, Clemens zu mobilisieren und Babette zu zeigen, wer hier im Recht ist, sie hat etwas anderes vor: Sie will sich mit einer selbstgestalteten Zukunft beschäftigen. Wenn sie ihren jetzigen Arbeitsplatz nicht mehr als einzige Möglichkeit betrachtet, sich beruflich zu verwirklichen, kann das sogar dazu führen, dass sie ein Stück weit gelassener im Umgang mit den KollegInnen wird. Die Möglichkeiten wahrzunehmen, das bedeutet anzuerkennen, dass sie existieren. Wenn wir uns mit ihnen beschäftigen und uns mit ihnen auseinander setzen, kann es uns gelingen, der aktuellen Wirklichkeit den Anschein der Einmaligkeit, und damit des Unausweichlichen, zu nehmen.

»Man kann die Wirklichkeit zu Tode erschrecken, wenn man ihr zu verstehen gibt, dass sie nur eine unter mehreren Möglichkeiten ist.«

(Hans Kaspar)

Nancys Konfliktverhalten: Nicht locker lassen – Verliererinnen gibt es nicht

Wie jedes andere Verhalten auch, hat Nancys Konfliktverhalten zwei Seiten, die zu einer Medaille gehören. Sie reagiert erst dann, wenn sie ihre Grenzen überschritten sieht und beraubt sich dadurch vielleicht einiger Möglichkeiten, die ihr bei einer früheren Reaktion offen gestanden hätten. Aber wenn sie reagiert, dann so, dass es zu einer schnellen Klärung der Situation kommt. Nancy lässt nicht locker, trotz zunehmender Einsicht, dass Clemens gar nicht gewillt ist, einzugreifen, ja, sogar versucht, die Ursachen für den Konflikt allein ihr anzulasten. Aber dann weiß sie es auch ganz genau: Mit ihm geht gar nichts, eine weitere Zusammenarbeit wäre eine Farce.

Mit ihrer Strategie, alles auf die »Karte Clemens« zu setzen, auf ihre Beziehung zu ihm zu bauen, hat sich Nancy verspekuliert. Die Frage der Konfliktdynamik streift sie nur kurz. Warum verhalten sich die KollegInnen so, wie sie sich verhalten? Welche Motive haben sie, Nancy links liegen zu lassen? Diesem Verhalten nachzugehen, hätte die Dynamik möglicherweise entschärft, eine Eskalation wäre vielleicht verhindert worden. Einer aufmerksamen Beobachterin wäre die in der Abteilung herrschende Dynamik nicht entgangen. Eine genaue Analyse der Situation hätte nahegelegt, dort anzusetzen, wo der Konflikt entstanden ist, nämlich zwischen Nancy, Babette und dem Team. Das hätte Nancy selbst tun, oder an Clemens delegieren können. Letzteres hätte allerdings vorausgesetzt, dass Clemens sich auf die Bereinigung von Konflikten versteht. Dieser Vorgesetzte gefällt sich jedoch in der Rolle des Mannes, um dessen Gunst gebuhlt wird, was ihn als Vermittler untauglich macht. Babette kann ihn da wesentlich besser einschätzen, sie weiß anscheinend, dass sie sich einiges herausnehmen kann, ohne Gefahr zu laufen, von ihm dafür zur Rechenschaft gezogen zu werden.

Sätze wie »Hätte ich doch mal lieber ...« und ähnliche Selbstanklagen bringen Nancy an dieser Stelle nicht weiter. Gekämpft und verloren? Das ist eine Bewertung, die sie nicht vornimmt. Sie gibt sich nicht auf. Clemens ist für sie allerdings nicht länger der Maßstab, an dem sie ihre Zukunft orientiert, sondern vielmehr der Auslöser für eine sich anbahnende Veränderung. Sie fängt an, sich gedanklich aus ihren relativ starren Kategorien herauszubewegen und bleibt damit auch nicht länger in der Vergangenheit hängen. Sie öffnet sich für Neues und folgt damit einem schon seit längerer Zeit gärenden Veränderungswunsch, der dann von Rosa aktiviert wird.

Am liebsten möchte Nancy die Abkürzung nehmen, das ist eben ihre Art, die Dinge anzugehen: Wenn sie einmal etwas für richtig erkannt hat, scheint sie es gar nicht abwarten zu können, ihre Pläne umzusetzen. Aber, der Weg zu lohnenden Zielen kennt keine Abkürzungen. Nancy wird bewusst, dass ihr die Möglichkeiten nicht »weglaufen«, sondern sich sogar noch »vermehren«, wenn sie sich die Zeit gibt.

Nancy betritt weiteres »Neuland«, nicht nur in ihren Überzeugungen, sondern auch damit, eben nicht jeder Idee die unmittelbare Tat folgen zu lassen, sondern beständig, aber unaufhaltsam fortzuschreiten. Es beginnt ein kontinuierlicher Veränderungsprozess, von dem sie nicht weiß, wohin er sie führen wird. Um es mit Elias Canetti zu sagen:

> »Man weiß nie, was draus wird, wenn die Dinge verändert werden. Aber weiß man denn, was draus wird, wenn sie nicht verändert werden?«

Nancy verwandelt ihr Verhalten, das bisher unter dem Motto »Handeln unter einer einzigen Perspektive«[16] (und das möglichst schnell) gestanden hat, in ein kreatives Handeln. Sie fängt an, sich Raum für ihre Intuition und Entwicklung zu geben und erweitert ihr Verhaltensspektrum um eine entscheidende

Variante: Statt wie bisher bevorzugt einer einzigen »inneren Anweisung« zu folgen und keine weiteren Alternativen zu berücksichtigen, fängt sie nun an, sich Wahlmöglichkeiten zu erschaffen – an die Stelle instinkthafter Festlegung tritt nun eine vorher nicht gekannte (Wahl-)Freiheit.

Nancys Ziel: Das eigene Berufsleben selbstbestimmt gestalten

Seit sechzehn Jahren arbeitet Nancy nun in der Behörde. Wir wissen nicht, ob es ihr eigener Wunsch war, eine Laufbahn bei der Behörde einzuschlagen, oder ob sie auf den Rat ihrer Eltern hörte, sich etwas »Sicheres« zu suchen. Bis zu dem Punkt jedenfalls, an dem die Situation am Arbeitsplatz für Nancy »komisch« wird, hat sie sich vielleicht wenig Gedanken über ihre beruflichen Ziele gemacht. Es ging eben immer weiter, von Bewährungsaufstieg zu Bewährungsaufstieg.

Nancy kommt neu in eine Gruppe, die seit Jahren zusammenarbeitet und in der sich gewisse Strukturen und »Rang«-Ordnungen herausgebildet haben. Sie tritt in ein Gefüge, das bei Änderungen, wie der Ankunft einer neuen Kollegin, durcheinander gebracht wird, sich neu formieren und wieder stabilisieren muss. Dass dieser Prozess nicht immer spielend zu bewältigen ist, scheint Nancy auch gespürt zu haben. Ob sie sich Gedanken darüber gemacht hat, wie sie ihre »Eingewöhnungszeit« gestalten und worauf sie achten will, bleibt unklar. Möglicherweise wird sie von einer Art geheimer Zielsetzung geleitet, im Sinne von: »Es soll so weitergehen wie all die Jahre zuvor.«
Es geht aber nicht so weiter wie bisher. Die Vorfälle im Büro eskalieren und zwingen Nancy dazu, sich mit ihrer momentanen Situation auseinander zu setzen. »Ich arbeite weiter da«, das scheint für Nancy außer Frage zu stehen. Sie bespricht ihre Lage mit den Frauen ihrer Frauengruppe. Von ihnen erwartet sie eine objektivere Einschätzung ihrer Situation und vielleicht auch den einen oder anderen Ratschlag.

Zwar werden die Hintergründe ihrer aktuellen Situation beleuchtet, mögliche Motive ihrer Gegenspielerin Babette in der Gruppe diskutiert, doch diese fließen nicht in Überlegungen von Nancy mit ein, in dem Sinne, dass sie eine Handlungsstrategie in der Art eines Weg-Ziels entwickelt.

Was Nancy selbst eigentlich *genau* will, wird erst einmal nicht deutlich, und das schlägt sich auch in einer äußerst vagen Zielformulierung nieder: »Ich rede mal mit Clemens.« Clemens soll es richten? Aber was genau erwartet sie von ihm? Nancy nimmt sich nicht die Zeit für genauere Überlegungen, die zur Zielfindung gehören wie:

- Was genau passiert da eigentlich?
- Wer ist eigentlich beteiligt?
- Was könnten mögliche Hintergründe und Motive sein?
- Was folgt für mich daraus? Und muss oder kann ich das in irgendeiner Form bei meinen Überlegungen berücksichtigen?
- Was genau möchte ich anders haben?
- Was will und kann ich dafür tun?
- Wen spreche ich wie an? Was will ich in so einem Gespräch erreichen?
- Ist eventuell ein wenig Diplomatie angesagt?
- Welche Konsequenzen will ich ziehen, wenn Clemens die ihm zugedachte Rolle des Vermittlers nicht erfüllt?

Fragezeichen über Fragezeichen.

Nancys eigentliche Wünsche bleiben eher verborgen, sie rauschen mehr wie eine leise Musik im Hintergrund und werden von ihr kaum wahrgenommen. Es ist vielmehr Rosa, die genauer hinhört, sie spricht das in Nancys Äußerungen Mitschwingende an, die diffusen Unlustgefühle, den Frust, die Unzufriedenheit - alles, was Nancy in all den Jahren beiseite geschoben hat, vom beruflichen Alltagstrott verdrängen ließ. In den vergangenen sechzehn Jahren hat sie sich nie Gedanken gemacht über ihre eigenen beruflichen Wünsche und Ziele. Ihre Ziele wurden von behördlichen Strukturen und Hierarchien vorgegeben und damit in gewisser Weise fremdbestimmt. Sie folgte ihnen, ohne abzuklären, ob sie für sie *selbst* noch stimmten. Hat sie ihre Unlustgefühle deswegen beiseite geschoben und weitergemacht, um sich eben *nicht* mit diesen Fragen auseinander zu setzen und sich genau *nicht* diesem Prozess des Innehaltens und der Klärung zu stellen?

Veränderungen brauchen ihre Zeit, manchmal geht es schnell, manchmal brauchen wir Jahre. Oft muss erst ein gewisser Punkt erreicht werden, an dem uns klar wird, dass es *so* nicht weitergehen kann.

Auch Nancy ist irgendwann an dem Punkt angekommen, wo der Bogen überspannt, der Moment erreicht ist, an dem sie eine Wende einleiten muss. Sie stellt sich dem leisen Hintergrundrauschen, beschäftigt sich ernsthaft mit ihren eigentlichen Zielen und den damit einhergehenden beruflichen Alternativen. Nancys eigene Wünsche und Fähigkeiten dienen dabei als Wegweiser. Sie fragt sich, worauf sie wirklich Lust hat, lässt sich nicht länger fremdbestimmen, sondern macht ihren eigenen Willen zum Handlungsmaßstab: »Ich bestimme, wohin ich gehe.« Sie übernimmt die Verantwortung für ihr Leben.

Eine chassidische Erzählung von Rabbi Sussja fasst Nancys Veränderung in ihrer Lebenseinstellung in der kürzest möglichen Form zusammen:

> »Vor dem Ende sprach Rabbi Sussja: ›In der kommenden Welt wird man mich nicht fragen: Warum bist du nicht Mose gewesen?‹ Man wird mich fragen: ›Warum bist du nicht Sussja gewesen?‹«[16]
>
> (nach: Martin Buber)

Persönliche Erfahrungen

»Das war eigentlich das Thema: Loslassen in vielen Dingen und schauen, was entsteht. Denn solange ich festhalte und mich klammere, kann nichts Neues entstehen. (...) Diese Arbeit war ja mein Leben, und jetzt habe ich mir gesagt: ›Es gibt soviel anderes, ich brauche das nicht mehr.‹ (...) Und ich habe mir dafür einen Raum gegeben, wo ich mich hingesetzt und über all diesen Ballast nachgedacht habe, und, so als ob man Akten vernichtet, habe ich das, was überflüssig war, in den Papierkorb geschmissen. Damit habe ich mich von dieser Arbeitsstätte wirklich gelöst und erkannt, dass dieses Haus nicht mehr mein Haus ist.«

Marianne G., 42 Jahre, Angestellte im Theaterbereich

»Ich bin zwar Sozialpädagogin, aber dafür schlägt mein Herz nicht, darin liegt nicht meine Leidenschaft. Das ist zwar ein sicherer Job gewesen, und ich kann das auch gut – das ist wirklich das Verführerische daran, wenn man etwas gut kann – aber es war eine richtige Entscheidung, zu gehen.«

Siba P., 38 Jahre, Sozialpädagogin

»Für mich war auch ein ganz wichtiger Aspekt, dass ich weiß, wo ich stehe, und dass ich nicht auf so unsicherem Morast wandeln möchte, sondern dass ich Pflöcke in die Erde kriege, an denen ich mich dann entlanghangeln kann.«

Daniela O., 48 Jahre, Chefsekretärin

»Ja, vielleicht habe ich nicht genug investiert, um mich da mit anderen zu verbünden, hab' mich zu schnell isolieren lassen, aber das ist auch schwer, wenn man neu ist. (...) Ich bin dann auch aus Versehen auf sämtliche Tabus sozusagen indirekt und zielsicher drauf zugesteuert.«

Ada E., 33 Jahre, Angestellte
im Bereich Öffentlichkeitsarbeit

»Das ist auch eine Vernunftentscheidung. Die hat nicht nur damit zu tun, dass ich gemobbt wurde, sondern ich gehe wegen der schlechten Situation. (...) Wenn versucht worden wäre, Lösungswege zu entwickeln ... da ist aber nichts, das ist nicht gewollt, und da bin ich falsch. Ich habe ein Bild, da sitze ich in einer Löwengrube mit einer Zwangsjacke an und einem Maulkorb um, und oben steht mein Chef und rennt mit der Leiter weg. (...) Ich muss meine Begabungen, mein Wissen, auch meine Freude am Arbeiten leben können. Jetzt bin ich mir einig, und das war natürlich nicht einfach. Der Arbeitsmarkt ist schlecht, ich bin fünfundvierzig, aber es hat mich überhaupt nicht abgehalten, mich beruflich zu verändern und langfristig auf eine Selbstständigkeit hinzuarbeiten.«

Marie S., 45 Jahre, Sekretärin

»Und als ich ihn dann mit Unterschrift in Händen hielt (den Abwicklungsvertrag), *das war irgendwie sehr befreiend. Jetzt habe ich drei Monate Zeit, in denen ich mich neu sortieren kann. Ich hab' eine neue Stelle in Aussicht, wenn's klappt, wär' das wirklich toll. (...) Ansonsten werde ich eine Weiterbildung machen. Also sagen wir mal so: Ich versuch' es als Chance zu sehen.«*

Lisa M., 38 Jahre, Angestellte in der Filmbranche

»Ich bin von der Wucht an Ungerechtigkeit so überfahren gewesen, ich habe gar keine Luft mehr gekriegt und war wie gelähmt. Und nun atme ich wieder, und es geht mir viel besser. ... Ich gehe wieder mit einem anderen Selbstbewusstsein durch die Gegend, und ich bin einfach wieder bei mir.«

Susanne R., 52 Jahre, Lektorin

»Warum ich noch so spät angefangen habe, Architektur zu studieren? Ich hab' mir gesagt: Das ist das, was ich schon immer machen wollte, und es nie gemacht habe, weil ich mich nicht getraut habe. Und dann hab' ich mir vorgestellt, ich bin fünfzig und sitz' da und denke: Dein Lebenstraum ist nicht in Erfüllung gegangen, und damit wird's dir schlecht gehen.

Und dann hab' ich's gemacht. Das war der Impuls: Ich möchte das machen, weil ich das schon immer wollte, und ich will nicht in die Situation kommen, wo's mir leid tut.«

Gabi B., Architektin, 43 Jahre

KAPITEL 7

Auf der Fährte des ominösen Faktor »V«

Wir haben uns lange damit beschäftigt herauszufinden – und unsere Interviewpartnerinnen damit in Erklärungsnot gebracht –, ob es so etwas wie einen Veränderungsfaktor gibt, etwas, was dazu geführt hat, sich in Richtung Veränderung zu bewegen. Um es vorweg zu sagen: Wir haben diesen ominösen Faktor, den wir zwischenzeitlich Faktor »V« getauft hatten, in Reinkultur nicht identifizieren können. Bestenfalls gibt es eine Art Aktivitätsfaktor oder Auslösefaktor, der für jede etwas anderes sein kann. Das können äußere Umstände (beispielsweise ein Unfall), ein innerer Druck oder ein bestimmter Punkt in der Kriseneskalation sein.

Eine Krise wirft uns auf uns selbst zurück. Wir werden mit uns auf eine Weise konfrontiert, die wir als von außen aufgezwungen erleben. Wir sind aufgefordert, uns mit Fragen auseinander zu setzen. Wie ist es um mein Selbstbewusstsein bestellt? Bin ich bereit, Verantwortung für mein Handeln zu übernehmen? Selbstbewusstsein ist nicht gleichzusetzen mit lautem und raumgreifendem Auftreten, es meint vielmehr im wahrsten Sinne des Wortes ein »Sich-seiner-selbst-bewusst-sein«, es meint, das, was man in sich selbst vorfindet, anzusehen, ohne es zu bewerten. Denn nur ein solches Selbstbewusstsein versetzt uns in die Lage, Verantwortung für uns und unser Handeln zu übernehmen. Dazu müssen wir aber wissen, auf welches Selbst sich diese Verantwortung eigentlich stützt. Also ist Arbeit am Bewusstsein von sich selbst ein wichtiges Teilchen im Puzzle, aus dem der Faktor »V« sich zusammensetzt.

Die Beschäftigung mit dem Selbstbewusstsein hat viele Facetten und schließt die wichtige und konstruktive Auseinandersetzung mit Selbstzweifeln mit ein. Und das ist genau der Punkt, an dem

Mobbing ansetzt: Hier wird diese Bereitschaft ausgenutzt, was aber letztendlich in eine destruktive Auseinandersetzung führt. Mobbing untergräbt also das Selbstbewusstsein, es werden Selbstzweifelkörner gesät, die wie Unkrautpflanzen wuchern können. Das geschieht auf eine schleichende, sehr subtile Weise, und wenn wir nicht aufpassen, wird irgendwann dieses Unkraut die Pflanzen der Selbstachtung ersticken. Das kann eben umso leichter geschehen, je weniger wir uns unserer selbst bewusst sind. Je mehr Klarheit wir darüber haben, was uns ausmacht, je mehr wir unsere Werte und Ideale achten und anerkennen, desto mehr können wir auch unterscheiden zwischen Menschen, deren Ziel es ist, unsere Würde zu untergraben, und denen, die uns respektieren.

Je später wir also Mobbing gewahr werden, umso eher kann die Saat aufgehen, die Menschen, die uns nicht wohlgesonnen sind, säen. Es macht ganz und gar keinen Sinn, MobberInnen an den Auseinandersetzungen mit den eigenen Selbstzweifeln teilhaben zu lassen und ihnen quasi noch bei der Aussaat zu helfen. Und es macht ebenso wenig Sinn, MobberInnen davon überzeugen zu wollen, dass – bildlich gesprochen – auf unserer Wiese jede Menge Blumen blühen. Genau diese wollen sie gar nicht sehen. Diese Erkenntnis ist vielleicht bitter, hält uns aber davon ab, diesem Bekehrungswahn zu verfallen. Er führt nicht nur in eine Sackgasse, sondern fördert die Mobbing-Dynamik noch zusätzlich.

Auch hier geht es um ein Festhalten und Loslassen. Statt Energie darauf zu verwenden, MobberInnen von unseren inneren Werten zu überzeugen, geht es vielmehr darum, achtsam und liebevoll mit sich selbst umzugehen und davon nicht abzulassen, auch wenn andere uns mit allen Mitteln dazu bringen wollen. Solch ein selbstverantwortlicher Umgang schafft die Voraussetzung, einen positiven Einfluss auf das Geschehen nehmen zu können. Einfluss nehmen wir immer. Es ist ein Trugschluss zu glauben, wir hätten keinen Einfluss, wenn wir uns nur still verhalten und nichts tun. Das geht genauso wenig, wie nicht zu kommunizieren. Aber es gibt zwei Arten von Einflussnahme. Wir können einen Prozess sowohl positiv als auch negativ beeinflussen, und *darin* liegt unsere Entscheidung.

Einzelne können Mobbing im Arbeitsleben nicht prinzipiell verhindern, auch wenn die Betroffene über ein grenzenloses Selbstbewusstsein verfügt. Existiert ein Nährboden für Mobbing in einem Betrieb, wird Mobbing auch ungeachtet der spezifischen »Ausstattung« der Betriebsangehörigen stattfinden. Um die Krise Mobbing zu bewältigen, kommt es vielmehr auf das Wann und Wie an: *Wann* erkenne ich Mobbing, und *wie* gehe ich damit um? *Wofür* sich dann die Einzelne entscheidet, ist individuell. Wichtig ist die Erkenntnis, dass es Entscheidungen gibt, die sie *selbst* treffen kann. Und mit diesem Bewusstsein ist die Entscheidungsfindung keine Bürde, sondern ein Prozess, der Kreativität freisetzt und Selbstbewusstsein fördert.

Zum Abschluss noch'n Gedicht:

»Ein Mensch, der alle Menschen plagt
Und sie um ihre Meinung fragt,
Was sie an seiner Stelle täten,
Steht nun bepackt mit guten Räten
Und ist mit weggeliehenem Ohr
Noch unentschlossener als zuvor.
Denn dies ist seines Unglücks Quelle,
Dass keiner ja an seiner Stelle,
Wo es um die Entscheidung geht,
Von jenen andern wirklich steht,
Nein, dass ein jeder nur die Gründe
Erwogen, falls er dorten stünde.
Der Mensch zieht draus den klaren Schluss,
Dass man sich selbst entscheiden muss.«

(Eugen Roth)

Anhang

Anmerkungen:

1. In: Jean-Claude Carrière: *Die Welt ist, was sie ist. Ein Weisheitsbuch, ein Schatz an Bildern, Farben und Gerüchen.* München und Zürich: Diana Verlag 2000, S. 40.

2. In: Monika Kalins, Doris Röschmann: *Icebreaker. Wege bahnen für Lernprozesse*, 1. Auflage. Hamburg: Windmühle Verlag und Vertrieb 2000, S. 87.

3. In: Joseph O'Connor, John Seymour: *Neurolinguistisches Programmieren: Gelungene Kommunikation und persönliche Entfaltung.* 8. Auflage. Freiburg im Breisgau: Verlag für Angewandte Kinesiologie 1998, S. 138.

4. In: Gundl Kutschera: *Tanz zwischen Bewusst-sein & Unbewusst-sein.* 2. Auflage. Paderborn: Junfermann-Verlag 1995, S. 236.

5. Nach einem Vortrag von Tilman Moser, Jahrestagung Mediation.

6. Lewis Carroll: *Alice im Wunderland.* Frankfurt am Main: Insel-Verlag 1963, S. 67.

7. In: Heinrich Meier (Hrsg.): *Die Herausforderung der Evolutionsbiologie.* München: Piper 1988.

8. Ludwig Wittgenstein: *Philosophische Untersuchungen* Werkausgabe, Bd. 1, 9. Auflage. Frankfurt: Suhrkamp 1993, S. 277. § 66.

9. Friedemann Schulz von Thun: *Miteinander reden* Bd. 1, Hamburg: Rowohlt Taschenbuchverlag 1993, S. 73.

10. In: Elmar Hatzelmann: *Keine Macht dem Stress.* München: Humboldt-Taschenbuch-Verlag Jakobi 1997.

11. In: Gabriele Haben und Anette Harms-Böttcher: *Das Hamsterrad. Mobbing: Frauen steigen aus.* 2. Auflage. 2001, Berlin: Orlanda Verlag, S. 70.

12. Roger E. Allen: *Pu in Nadelstreifen. Bärenstarkes Management.* Hamburg: Hoffmann und Campe Verlag 1999, S. 30.

13. In: Rudi Ott: *Wertvoller als alles Gold ist die Seele.* München: Kösel-Verlag 1999, S. 73.

14. Eugen Drewermann: *Tiefenpsychologie und Exegese*. Bd. II, Olten/Freiburg i. Br.: Walter Verlag 1997, S. 751 f.

15. Richard Nelson Bolles: *Durchstarten zum Traumjob. Das Bewerbungshandbuch für Ein- Um- und Aufsteiger.* 3. Auflage. Frankfurt am Main/New York: Campus Verlag 2002, S. 132.

16. Ellen J. Langer: *Fit im Kopf – Aktives Denken oder Wie wir geistig auf der Höhe bleiben.* Reinbek bei Hamburg: Rowohlt Taschenbuch Verlag 1996, S. 37.

17. In: Rudi Ott: *Wertvoller als alles Gold ist die Seele.* München: Kösel-Verlag 1999, S. 196.

Weiterführende Literatur

Siegfried Preiser, Nicola Buchholz: *Kreativitäts-Training: Das 7-Stufen-Programm für Altag, Studium und Beruf.* Augsburg: Augustus-Verlag 1997.

de Botton, Alain: *Trost der Philosophie. Eine Gebrauchsanweisung.* Frankfurt am Main: S. Fischer Verlag 2001.

Benjamin Hoff: *Tao Te Puh. Das Buch vom Tao und von Puh dem Bären.* Essen: SYNTHESIS Verlag 1984.

Reinhard K. Sprenger: *Die Entscheidung liegt bei Dir! Wege aus der alltäglichen Unzufriedenheit.* Frankfurt, New York: Campus Verlag 1998.

Luise Eichenbaum, Susie Orbach: *Feministische Psychotherapie. Auf der Suche nach einem neuen Selbstverständnis der Frau.* München: Kösel-Verlag 1985.

Daniel Goleman: *Emotionale Intelligenz.* München: Deutscher Taschenbuch Verlag 1997.

Stephen R. Covey: *Die sieben Wege zur Effektivität. Ein Konzept zur Meisterung Ihres beruflichen und privaten Lebens.* München: Wilhelm Heyne Verlag 1999.

Epikur (übertragen von Paul M. Laskowsky): *Philosophie der Freude.* München: Wilhelm Goldmann Verlag, Insel Taschenbuch 1988.

Die Autorinnen

Gabriele Haben, geboren 1955 in Cuxhaven, Kommunikationstrainerin und Mobbingberaterin

und

Anette Harms-Böttcher, geboren 1953 in Salzgitter, Diplom-Psychologin und Mobbingberaterin

Beide Autorinnen arbeiten seit 1996 freiberuflich zusammen und bieten über ihre gemeinsame Praxis in Berlin Beratung und Coaching für Mobbingbetroffene an. Sie schulen zu dieser Thematik Menschen mit Leitungsaufgaben, Personal- und BetriebsrätInnen, FrauenvertreterInnen und BeraterInnen in Vorträgen und Seminaren.

Weitere Schwerpunkte ihrer Arbeit sind die Themen Kommunikation, Verhandlungsführung, Konfliktmanagement, Stressbewältigung und Zeit- und Selbstmanagement.

Kontakt über:

Harms & Haben - Beratung und Seminare
Anklamer Str. 32
10115 Berlin
Tel.: +49-0 30-3 93 64 07 und 3 95 58 55
Fax: +49-0 30-3 93 64 07
E-Mail: harms.haben@berlin.de